1920
알파걸

1920 알파걸

초판 1쇄 발행 2021년 1월 29일

지은이 김현주, 이정호, 김보경, 박윤우, 문성희
펴낸곳 글라이더 **펴낸이** 박정화
편집 이정호 **일러스트** 류상우 **디자인** 디자인뷰 **마케팅** 임호

등록 2012년 3월 28일(제2012-000066호)
주소 경기도 고양시 덕양구 화중로 130번길 14(아성프라자 6층)
전화 070)4685-5799 **팩스** 0303)0949-5799 **전자우편** gliderbooks@hanmail.net
블로그 http://gliderbook.blog.me/
ISBN 979-11-7041-066-9 73810

ⓒ 〈김현주, 이정호, 김보경, 박윤우, 문성희〉, 2021
이 책은 저작권법에 따라 법에 보호받는 저작물이므로 무단전재와 복제를 금합니다.
이 책 내용의 전부 또는 일부를 재사용하려면 사전에 저작권자와 글라이더의 동의를
받아야 합니다.

책값은 뒤표지에 있습니다.
잘못된 책은 바꾸어 드립니다.

글라이더는 독자 여러분의 참신한 아이디어와 원고를 설레는 마음으로 기다리고 있습니다.
gliderbooks@hanmail.net 으로 기획의도와 개요를 보내 주세요. 꿈은 이루어집니다.

※ 어린이제품 안전 특별법에 의한 제품 표시
품명 도서 | **제조자명** 글라이더 | **주소** 경기도 고양시 덕양구 화중로 130번길 14
연락처 070-4685-5799 | **제조연월** 2021년 1월 | **제조국** 대한민국 | **사용연령** 10세 이상

1920 알파걸

김현주
·
이정호
·
김보경
·
박윤우
·
문성희

글라이더

들어가는 말

편견과 차별에 맞선
알파걸

　1920, 30년대 우리나라는 일제강점기라는 매우 힘든 시기를 보내고 있었습니다. 일제의 온갖 탄압으로 개개인의 삶도 순탄치 않았지요.

　생활 환경이나 기반 시설 또한 부족했어요. 대부분의 가정에서는 전깃불이 없어 호롱불을 밝혔지요. 필요한 물을 마을의 공동 우물에서 퍼 날라 쓰는 집이 많았습니다.

　그 당시 사람들은 태어난 고장에서 평생 살았고, 일제의 단발령에도 불구하고 긴 머리와 전통 옷을 고집했습니다. 몇 백 년을 이어온 관습을 하루아침에 바꾸는 것은 말처럼 쉽지 않았지요.

　그러나 세계적인 근대 문명의 흐름은 우리나라를 비켜 가지 않았습니다. 새로운 교통수단인 기차와 전차를 통해 낯선 문물이 쏟아져 들어왔으며, 사람들의 이동과 교류 폭도 넓어졌어요. 근대 교육 기관인 학교가 생겨나 지적 호기심과 만족감을 채워 주었지요. 유행을 이끌어 가는 모던걸과 모던보이가 사람들의 시선을 받기도 했어요. 왕조 시대에 볼 수 없던 신문명이 조선인들의 생각과 감정을 사로잡기 시작했습니다.

하지만 신문명의 혜택은 대부분 남성 우선이었습니다. 많은 여성이 전통 관습에 얽매어 이른 나이에 시집을 가서 아이들을 낳고, 남편 뜻에 맞춰 살아야 했어요. 여성들은 외출을 자유롭게 하지 못했어요. 밖으로 나갈 때에는 쓰개치마로 머리를 가리고 다닐 정도로 낯선 사람들 앞에서 얼굴을 보이는 걸 수치로 여겼지요. 자신을 드러내지 못한 채, 남성에 기대어 살아가는 수동적인 여성이 대부분이었습니다. 그것을 당연하다고 생각했습니다.

그러나 근대 문명에 대한 일부 여성들의 도전은 남성들 못지않았어요. 배움에 대한 열정 또한 불타올랐습니다. 그들은 남성 위주의 사회적 편견과 차별을 깨는 일에 기꺼이 나섰어요. 자신의 일에서 성취감을 느끼며 남성과 견주어 결코 뒤처지지 않는 자신을 발견했지요.

이제 '1920 알파걸' 6인의 여성에게서 세상의 편견과 차별에 맞서는 모습을 살펴보세요. 평범한 그들이 불평등한 시대를 어떻게 마주했으며, 자기 일에 보람을 느끼고 최초의 직업여성으로 굳건히 서게 되었는지 찬찬히 들여다보세요. 그들은 좋아하는 일을 찾아 끈질기게 노력하여 마침내 성공한, 각 분야 최초의 여성 직업인입니다.

2021년 새해에
저자 일동

차례

들어가는 말 · 04

1. 구불구불 물결 머리, 오엽주 _(김현주)

오엽주는 이렇게 살았어요 · 10

청결 점수 빵점/ 어쩐지 귀염성 있어 보여/ 부모님의 바람대로/ 눈물이 쏙 빠지도록/ 조선 1호 미용인/ 불길에 휩싸인 화신미용실/ 영원한 미용인으로

2. 찰칵! 진심을 찍는 이홍경 _(김현주)

이홍경은 이렇게 살았어요 · 42

영혼을 빼앗는 사진기/ 3년을 틀어박혀/ 조선 최초의 '부인사진관'/ 무라카미의 '촌상사진관'/ 아버지와 딸/ 포마드 신사의 이중성/ 박살난 유리 천장/ 순간의 진심을 담는 사진/ 신여성, 이홍경으로 우뚝 서다

3. 진짜 가수, 왕수복 _(이정호)

왕수복은 이렇게 살았어요 · 80

너 노래 참 잘하는구나/ 월사금이 없어서/ 새로운 학교는 어떨까?/ 갑자기 찾아온 행운/ 인기투표 1위, 10대 가수왕/ 자유로운 진짜 가수

4. 조선의 여배우, 이월화 _(김보경)

이월화는 이렇게 살았어요 · 108

내 별명은 말괄량이/ 활동사진이 미치도록 좋아/ 이화학당을 그만 두고/ 여주인공이라고?/ 어느 날 갑자기/ 스타덤에 올라/ 오양단 단원이 되어

5. 똑단발 아나운서, 이옥경 _(박윤우)

이옥경은 이렇게 살았어요 · 132

똑단발 남장 소녀/ 특별한 인연/ 줄 없는 전화/ 최초의 아나운서가 되다/ 음악 방송의 안주인/ 끔찍한 사고

6. 당당한 여기자, 최은희 _(문성희)

최은희는 이렇게 살았어요 · 156

마음을 울리는 글을 쓰자/ 넓은 세상에 나가 발로 뛰자/ 억울한 목소리를 담다/ 특종을 잡아라/ 최은희 여기자상

작가 소개 : 김현주, 이정호, 김보경, 박윤우, 문성희 · · · · · · · · · 175

1

구불구불 물결 머리, 오엽주

_ 김현주 글

오엽주는 이렇게 살았어요~

1905년 황해도 사리원에서 태어났어요. 평양 남산보통학교와 평양서문여학교를 졸업하고 평양소학교에서 교편(3년)을 잡았어요. 20대 초반 일본(송죽키네마)에서 여배우로 활동했으며, 조선인 최초로 쌍꺼풀수술을 받았지요. 일본에서 미용기술을 배워 조선 여성 1호 미용인으로 활동했어요. 화신미용실 화재로 위기가 찾아왔지만, 얼마 뒤 엽주미용실을 개업했어요. 해방 이후 미용 연구원으로 미용인들을 양성하였지요. 하와이로 이민을 떠나 생을 마쳤습니다.

청결 점수 빵점

3학년 담임을 맡은 다다시 선생님이 뚜국뚜국 구둣발로 들어섰어요. 교실은 찬물을 확 뿌린 듯 서늘함이 감돌았지요. 일본인 다다시 선생님이 뒷짐을 지고 교실을 구석구석 살폈어요.

"에또. 교실 청소는 이만하면 됐는데… 음. 아이들 위생은."

다다시 선생님은 눈을 가늘게 뜨고 아이들을 둘러보다 곱상한 엽주를 손가락으로 가리켰어요.

"둘째 줄 댕기 머리, 이리 나와!"

엽주는 검지로 자신을 짚으며 "저요?"라고 물었답니다.

다다시 선생님이 고개를 끄덕이자, 엽주는 콩캉콩캉 가슴이 뛰었어요. 짝꿍 꽃남이가 엽주 손을 잡았다 놓으며 눈을 찡긋거렸어요. 별일 아닐 거라는 신호였지만 엽주는 다리가 후들거렸어요.

'무슨 일이지?'

덩치 큰 남자애들 앞에서도 떨지 않는 엽주가 다다시 선생님 앞에서 어깨를 움츠렸어요.

다다시 선생님이 엽주에게 이름을 물어보고는 어깨에 손을 올렸습니다.

"오엽주 학생은 이 교실에서 가장 깔끔한 학생이다. 이 학생처럼 머리도 단정하게 빗고, 옷도 깔끔하게…."

엽주는 걱정이 칭찬으로 바뀌자 허리를 펴고 방긋 웃었어요. 얼굴에서 발그레한 빛이 났어요.

그런데, "헛, 벌레다!"

맨 앞줄 아이가 엽주의 하얀 저고리 위를 스멀스멀 기어 다니는 쥐색 머릿니를 발견한 거예요.

"이이런, 겉만 반지르르 했군. 오엽주, 청결 점수 빵점!"

엽주는 화끈거리는 얼굴을 감싸 쥐었어요. 다다시 선생님은 머릿니가 자신에게 옮을까 봐 몸을 방정맞게 흔들었어요.

아이들은 호들갑을 떠는 선생님이 우스워 키득키득 어깨를 들썩였어요. 일 년에 서너 번 머리를 감는 아이들에게 머릿니는 소름끼치게 징그러운 벌레는 아니에요.

4월 봄기운이 올라올 이때쯤은 아이들이 들로 산으로 뛰어다니기에 땀을 많이 흘려요. 축축해진 머리 그대로 자고 학교에 오는 아이들이 대부분이라 머릿니가 생기는 건 어쩔 수 없었어요.

그나마 참빗으로 여러 차례 빗어 머릿니와 서캐를 털어내면 나았지만, 엽주는 늦잠을 자는 바람에 참빗질을 못하고 땋기만 하고 온 거예요.

학교를 마치고 꽃남이와 헤어진 엽주는 집으로 가려다 지칫

댔어요. '청결 점수 빵점!'이 엽주를 졸졸 따라다니는 듯했기 때문이에요. 학과 공부에서는 누구보다 뒤지지 않는 엽주 자존심에 구멍이 뻥 뚫린 느낌이었지요. 엽주는 대동강 보통문 쪽 물가로 갔어요. 아줌마들이 방망이로 빨랫감을 팡팡 두드리는 옆에서 땋은 머리를 풀었어요. 그러고는 강물에 담갔습니다.

"으으, 추워."

오싹 소름이 끼칠 정도로 강물이 차가웠어요. 머릿니만 없어진다면 이깟 추위 정도는 견딜만하다고 생각했어요.

일제강점기인 1910년대에는 수도는커녕 우물도 없는 집이 많았어요. 날이 풀려 따뜻해지면 공동 우물이나 개천을 찾아 머리를 감았답니다. 일 년에 서너 번 감기도 어려웠어요.

어쩐지 귀염성 있어 보여

"아이고, 얘가 무수구 머리를 풀어 헤쳐가지고, 머리는 와이리 축축 하우야?"

엽주는 입술을 삐죽거리다 '청결 점수 빵점!' 얘기를 어머니에게 했어요.

"그렇다고 강물에 머리를 감니?"

"흐르는 강물에 감아야 머릿니가 다 없어질 거 같아서 그랬단 말이야요."

"강물에 머릴 감는다고 머릿니가 없어지갔니? 빗으로 빗자 우야."

어머니는 촘촘한 참빗으로 여러 차례 빗어 내렸어요. 숨어 있던 머릿니가 방바닥에 톡, 톡 떨어지지 뭐예요. 어머니는 이제 됐다며 방을 나갔지만 엽주는 아직도 머리가 근질근질 한 것 같았어요.

"이대로는 안 되겠어."

엽주는 입술을 야무지게 다물고는 거울 앞에 섰어요. 그리고는 가위로 허리까지 내려온 머리카락을 싹둑싹둑 잘랐답니다. 길고 까만 엽주 머리카락이 방바닥에 흩어졌어요.

그날 저녁 식구들은 귀 위로 껑충 올라붙은 엽주 머리를 보고는 벌린 입을 다물지 못했어요. 함부로 머리카락을 자를 생각조차 못하던 시절이었기 때문이에요. 미용실조차 없었으니까요.

말끝마다 금쪽같은 손녀라고 엽주를 예뻐하던 할아버지가 곰방대로 놋재떨이를 땅땅 쳤어요.

"쯧쯧. 부모로부터 물려받은 머리를 함부로 잘랐다 이거니? 머릿니야 기름 바르고 빗질을 부지런히 하면 될 거 아이우. 너 낼부턴 집 밖에 나가지 말라우. 머리 길러 댕기로 묶기 전까지는!"

아버지와 어머니, 형제들도 엽주를 곱지 않은 눈길로 보았어요.

'내 머리인데 왜 내 맘대로 할 수 없지? 손톱 발톱도 내가 자르는데 왜 머리는 안 돼!'

엽주는 다음날 아침 일찍 일어났어요. 책보를 허리에 둘러 묶고는 살그머니 문을 열었어요.

"아이 참, 마당이 왜 이렇게 넓은 거야."

뛰어 놀기에는 좁다고 생각한 마당이 몰래 빠져 나가려니 운동장만 해 보였어요. 부엌에서 달그락 소리가 들렸어요. 어머니가 아침 준비로 바쁜 듯했어요.

'지금이야!'

엽주는 댓돌의 고무신을 들고 뛰었어요. 안채 마당을 지나 사랑채를 막 지날 때였어요. 덜거덕, 할아버지 방문 열리는 소리가 들렸지만 엽주는 무조건 달렸어요. 엽주의 단발머리로 살랑살랑 바람이 들락거렸어요.

"야, 너 머리가?"

꽃남이가 엽주를 보며 놀라자 반 아이들도 이상한 외계인 보듯 했어요. 산학 책을 들고 들어온 다다시 선생님이 엽주의 깡총한 단발머리를 보고는 팔자 콧수염을 돌돌 말았어요.

"음. 좋아. 단정하게 머리를 자르니 보기에도 좋지 않나, 어?"

엽주가 방그레 웃으며 말했어요.

"머리가 짧아 혼자서 빗질 할 수 있어 좋아요. 참빗으로 머릿니는 싹 털어 냈어요."

꽃남이도 엽주 말을 거들었지요.

"처음엔 놀랐지만, 자꾸 보니 머리가 나풀나풀 할 때는 어쩐지 귀염성 있어 보이고, 위생적으로도 좋겠단 생각이 들어요."

댕기 머리 아이가 불쑥 끼어들었어요.

"뭐, 사자머리가 귀여워? 귀 뒤로 넘긴 머리가 앞으로 쏟아져 귀신같지 않아? 하나로 묶는 댕기 머리가 더 단정해 보이지 않나 말이야. 경성 멋쟁이 흉내나 내면서 흥!"

엽주가 발끈하며 입을 열었어요.

"멋쟁이 따라한 거 아니야. 스스로 머리 감고 빗질하려고 자른 거다 왜! 난 이제 머리 손질은 독립적으로 하기로 했어."

"치이. 우리 엄만 내 머리 빗겨 주면서 흑단 같이 윤기 나는 탐스러운 머리카락이라며, 몇 년 뒤엔 쪽머리에 비녀를 꽂겠구나 그러면서 흐뭇해하서."

"흥, 난 이제 댕기나 비녀 같은 걸 머리에 할 생각 없어. 그런 거에서 해방된 느낌이 얼마나 좋은지 모를 거야."

댕기 머리 아이가 입술을 삐죽이며 엽주를 노려보았어요. 다다시 선생님은 머리 모양을 길게 하든 짧게 하든 각자 개성이라며 늘 청결해야 한다고 했어요.

부모님의 바람대로

"좋겠다, 기집애. 오엽주 진심 축하해!"

꽃남이가 엽주를 끌어안고 흔들었어요. 열세 살 엽주의 단발머리가 찰랑찰랑 경쾌하게 흔들렸어요.

"동무야, 너도 같이 다니면 좋을 걸."

꽃남이가 고개를 저었어요.

"우리 엄마 곧 넷째 동생 낳을 거야. 내가 돌봐야 해서 상급학교는 꿈도 못 꿔."

보통학교를 졸업한 엽주는 평양 서문여학교 합격증을 받고 깡충깡충 뛰었어요. 공부를 잘하는 엽주지만 경쟁률이 높아 초조하게 기다리던 중, 합격 통지서를 받은 거예요.

엽주의 여학교 합격 소식은 가족에게도 기쁨이었어요. 하지만 엽주의 단발머리를 못마땅하게 생각하던 할아버지는 구시렁거렸어요.

"얌전하게 살림이나 배워 시집갈 거 아이우? 혼기 놓치면 처녀귀신 되지. 아니 그러우?"

그때는 많은 여성이 스무 살 이전에 시집을 갔기 때문에 할

아버지 걱정은 당연했어요. 하지만 엽주가 여학교 다니는 걸 마뜩잖아하던 할아버지도, 여학교를 졸업하고 학교 선생님이 되자 얼굴 가득 웃음 주름을 보였어요.

여학교를 다니는 동안 엽주는 졸업 후의 진로에 대해 고민했어요. 하고 싶은 일이 딱 떠오르지 않아 이런저런 생각이 많을 때였어요. 마침 부모님이 학교 선생님을 하는 게 어떻겠냐는 의견을 물어 그 뜻을 따르기로 한 거예요.

엽주는 단정한 원피스 차림으로 교실 문 앞에 섰어요. 두근두근 떨리는 마음으로 문을 열었지요.

아이들의 초롱초롱한 눈망울들이 엽주에게 쏠렸어요. 한 아이가 엽주 머리를 손가락으로 가리켰어요.

"구불구불 물결 머리 선생님이다!"

아까시 줄기로 말아 손질한 엽주의 단발머리가 아이들은 신기했나 봐요. 엽주는 아이들 환영에 마음이 놓였어요.

"고마워요. 여러분도 예쁘고 사랑스러워요. 그런데…."

반 아이들 대부분은 엽주가 보통학교에 다닐 때처럼 댕기 머리였어요. 부스스하고 떡진 머리가 눈에 띄었어요.

엽주는 아이들을 돌아보며 위생에 대한 잔소리를 하려다 문득, 다다시 선생님의 '청결 점수 빵점!'이 떠올라 그만뒀어요. 그때 당한 창피를 아이들에게까지 물려주고 싶지 않은 거예요.

그 대신 시간 날 때마다 아이들 머리를 빗겨 주고, 단정하게 손질해 주었어요. 엽주의 반 아이들은 어디에서도 눈에 띨 만큼 깔끔했어요. 아이들과의 시간은 소중하고 의미도 있었지만, 엽주는 더 넓은 세상에 나가 다른 일을 경험해 보고 싶다는 생각이 스멀스멀 올라왔어요.

여학교 다닐 때 엽주는 친구들과 평양 시내로 나들이를 나간 일이 몇 번 있어요. 서양 배우들이 실린 잡지를 마주하면 새로운 세상을 보는 듯했어요. 세련된 웨이브 단발머리와 몸에 딱 붙는 양장 모습에서 눈을 뗄 수 없었어요. 한동안 잡지에서 본 멋진 여성들의 모습이 머리에서 떠나지 않았어요. 그래서 몇날 며칠 고민 끝에 부모님 앞에서 입을 뗐어요.

"저, 학교 그만 두고 싶어요. 아무래도 이 일은 제 길이 아닌 거 같아요."

"선생을 아니 하겠단 말이우? 생각해 본 거라도 있음 말해 보라우."

"아름다움을 가꾸는 일을 해보고 싶어요. 이곳 평양을 떠나…."

"뭐이, 여길 떠나, 아름다움을 가꿔? 그거이 얼굴에 분이나 바르는 거 아이우? 그건 아니 된다."

아버지는 시집갈 준비나 하라고 잘라 버렸어요. 태어나 자란

곳에서 평생을 살던 때라 엽주 말이 얼토당토않다고 여긴 거예요. 엽주는 식구들 몰래 집을 떠나기로 했어요. 처음엔 경성으로 갈 작정이었지만, 부모님이 찾아올 것 같아 아주 멀리 떠나기로 결심했답니다.

"엽주야, 너 정말 동경(도쿄)으로 가는 거야?"

시집가서 첫아이를 업고 나온 꽃남이 칭얼대는 아이 궁둥이를 손바닥으로 툭툭 치며 얼렀어요.

"말도 안 통하는 곳에서 어떻게 지내려고. 어, 어머니, 여기예요!"

꽃남이가 손을 번쩍 들어 흔들었어요. 엽주는 헐레벌떡 달려온 어머니를 보자 왈칵 눈물이 쏟아졌어요. 엽주가 떠난다는 사실을 안 꽃남이 엽주 어머니에게만 살짝 귀띔해 준 거예요.

어머니는 보자기에 싸온 떡을 엽주 손에 쥐어 주었어요.

"먼 길 가다 출출하거든 먹어 보라우. 동경이 어디라고 가시나이 혼자 몸으로 간단 말이우. 내래 걱정으로 날밤을 샜다만, 너를 믿기로 했수다. 부디 몸 챙기면서 지내라우."

엽주는 눈빛 가득 자신의 걱정을 담고 있는 어머니 손을 잡았어요. 그러고는 성공한 모습으로 조선에 돌아올 때까지 건강하게 지내시라고 머리를 숙였어요.

엽주가 탄 기차가 서서히 출발하자 어머니는 털썩 주저앉어요. 하얀 증기를 뿜어대며 멀어져 가는 기차 꽁무니에서 눈을 떼지 못했어요.

눈물이 쏙 빠지도록

동경에 온 지 3개월이 지났지만 엽주는 일본어 공부 말고는 하는 일이 없었어요. 엽주의 서툰 일본어를 흉내 내며 키득키득 웃는 사람들 때문에 스트레스가 이만저만이 아니었거든요. 그러다가 문득 '조선인이 왜 일본어를 잘해야 하지?'라는 생각이 들자 조금 느긋해졌어요.

그렇게 시간이 흐르면서 우연히 여배우 길에 들어섰어요. 자신을 뽐내는 즐거움에 한껏 빠져 지내던 어느 날, 엽주는 일본에 온 이유를 떠올렸어요.

"아름다움을 가꾸는 일… 영화배우가 그 일이었나?"

곰곰이 생각에 빠진 엽주는 일본 영화사들 돈벌이 수단으로 자신이 쓰인다는 느낌이 들었어요. 많은 작품에 출연하기 위해 감독 눈에 잘 보이려고 비위를 맞춰야 하고, 자신의 뜻보다는 그들이 좋아하는 원작을 고르는 게 한심했어요. 진실된 작품을 하기는 어렵겠다는 생각이 들자, 3년 만에 배우 생활을 그만 두었어요.

배우를 그만둔 엽주는 한동안 방황했어요. 어머니에게 성공해서 가겠다고 큰소리를 쳤기에 조선으로 선뜻 돌아갈 수도 없었어요. 답답한 하루하루를 보내던 엽주가 신주쿠 거리를 찾았어요.

선선한 날씨 때문인지 바람결에 살짝살짝 날리는 여성들의 머리가 무척 상큼해 보였어요. 긴 머리, 짧은 머리, 파마머리의 여성들 머리카락이 날아갈 듯 가벼운 느낌이 드는 거예요. 그들의 깨끗한 머릿결은 조선 여성들의 떡지고 부스스한 머릿결과 비교되어 부럽기까지 했어요.

손님 머리를 감겨 주는 미용실 시설을 보고는 입을 다물지 못했어요. 뜨거운 물이 나오는 세면대를 보자 일 년에 몇 번 감지 못해 머리를 긁적이던 자신의 어린 날이 스쳐갔어요. 엽주는 며칠 동안 동경 시내 미용실들을 보고 다녔어요.

날마다 엽주 생각에 눈물 콧물을 훌쩍이던 어머니는 동경에서 날아온 편지를 얼른 뜯어보았어요.

"어마, 이것 좀 보라우요. 이 아이래 엽주 맞지 않소?"

어머니가 편지에 들어 있는 사진을 아버지에게 내밀었어요. 사진 속 엽주가 고른 이를 드러내 활짝 웃고 있었어요. 하지만 가이누마 미용실에서 일한다는 엽주 편지를 읽어 내려가던 어머니 얼굴이 점점 어두워졌어요.

엽주가 견습생으로 일하는 가이누마 미용실은 원장과 직원 대여섯 명이 있는 꽤 큰 미용실이에요.

"엽주 양은 우선 바닥 청소부터 하고, 손님 머리도 감겨 줘요."

첫날, 원장의 말에 엽주는 빗자루를 멀뚱하게 보고만 있었어요. 커트와 머리 손질 기술을 배우려고 들어갔는데 허드렛일을 시키니 어이없다고 생각한 거예요. 그런 엽주의 어정쩡한 태도를 원장은 탐탁지 않아 했어요.

"미용 일 배우려면 바닥 쓸기 3개월, 손님 샴푸 해주기 3개월은 해야 기술을 가르쳐 줄까 말까지요. 그게 싫음 관둬요. 여기서 일하고 싶은 사람은 얼마든지 있으니까."

머뭇대던 엽주가 입술을 야무지게 다물고는 빗자루로 바닥을 쓸었어요. 미용 일의 시작이 마음에 안 들지만 규칙에 따를 수밖에 없었어요. 바닥의 길고 짧은 머리카락을 모아 버리자 원장이 화를 버럭 냈어요.

"긴 머리카락은 따로 담아 두어야 할 거 아니야!"

"네? 실장님이 한꺼번에 쓸어버리라고 했어요."

엽주가 직원들의 우두머리 격인 실장을 돌아보자, 그는 도리어 어깨를 으쓱하며 시치미를 뗐어요.

"내가 언제? 긴 머리카락은 저기 저 상자에 넣어 두라고 했잖아. 가발공장에 팔 거라고 말했을 텐데."

직원들도 실장의 말에 고개를 끄덕였어요. 일부러 조선인인 엽주를 골탕 먹이려고 잘못 알려준 거예요. 엽주는 미용실을 뛰쳐나가고 싶었지만 마른 침만 삼키고 말았어요. 속상하고 자존심 상한다고 박차고 나오면 후회할 것 같았어요. 조선인 차별은 어디에나 있었으니까요.

"상쾌한 아침이에요."

엽주는 직원들의 따돌림에도 붙임성 있는 태도로 그들에게 다가갔어요.

"내 앞치마 어딨지?"

앞치마를 찾느라 두리번거리는 실장에게 깨끗하게 빨아 손질한 것을 엽주가 주었어요.

실장은 앞치마를 탁 털어 입으며 고맙다는 인사는커녕 "왜 시키지도 않은 일을 해."라며 퉁명스럽게 내뱉었어요.

머쓱해진 엽주는 눈을 어디에 둘지 몰랐어요.

"자, 모두 이쪽으로 모여요! 오늘은 파리에서 미용 공부하고 온 선생님에게 커트를 배우기로 했어요. 최신 기술을 가르쳐 주신다고 했으니 정신들 똑바로 차리고."

직원들은 원장을 따라 회의실로 들어갔어요. 머뭇거리던 엽주가 뒤늦게 회의실 문을 빠끔 열고 얼굴을 내밀었어요.

"뭐야?"

"회의실로 모이라고 하셔서…."

"눈치도 없군. 여긴 수습 기간이 끝난 정식 직원들만 들어올 수 있어. 그걸 꼭 말해 줘야 알아? 조센징이 어딜 끼려고. 흐흐."

실장의 조롱 섞인 웃음이 엽주 등 뒤에 꽂히는 듯했어요.

직원들은 새 기술을 엽주가 알아챌까 쉬쉬했어요. 같은 공간에 있으면서도 투명인간 취급을 당하는 엽주는 날마다 조선으로 가는 배편을 알아보고 싶을 만큼 마음이 무너져 내렸답니다.

그렇지만 이상하게도 배우를 그만둘 때처럼 깔끔하게 마음 정리가 되지 않았어요. 밤새워 고민하다 그만두려고 미용실에 가면, 새날의 햇살처럼 새로운 기운이 나는 거예요.

얼굴을 익힌 단골손님의 정다운 미소에 마음의 빗장이 스르르 풀려요. 그뿐인가요? 원장의 손끝에서 살아나는 머리 모양에 온통 정신을 빼앗겼어요. 엽주는 마음속으로 원장의 손놀림을 수도 없이 따라 했어요. 그러면 어느 순간 자신은 원장보다 더 예쁘고 세련된 머리 모양을 만들 자신이 생기는 거예요. 기분 좋은 떨림이 엽주는 좋았어요.

그렇게 시간이 흐르자 한결같이 성실한 엽주 태도에 원장이 미용 기술을 가르쳐 주기 시작했어요. 엽주는 손님 머리를 만져볼 수 있는 기회가 다가오자 가슴이 뜨거워졌어요. 그렇다고 미용 일이 마음먹은 것처럼 쉬운 건 아니에요. 하루하루 실수하지 않은 날이 없을 정도였으니까요.

따끈한 물을 그냥 손님 머리에 부었다가 발길질을 당하기도, 손님 머리를 손톱으로 긁어 감기다 아프다며 뺨을 맞기도 했어요.

그래도 그건 전기 파마 사건에 비하면 별 게 아니에요. 서너 시간 걸리는 전기 파마는 푸는 시간을 못 맞추면 머리가 타버려요. 그런데 잠깐 졸던 엽주가 푸는 시간을 놓쳐 버린 거예요. 머리 타는 누린내가 나자 화들짝 놀라 손님에게 달려갔어요. 타버린 머리카락이 홀랑 빠지고, 그 부분 두피는 무릎처럼 반질반질해졌지 뭐예요.

"내 머리, 어떡할 거예요!"

"밀려드는 손님들 때문에 너무 피곤해서 그만. 전기 파마는 처음이라, 죄송합니다."

"처음이라고? 내 머리가 연습용이었다는 말이잖아. 진짜 어이없어!"

흥분한 손님을 달래느라 싹싹 빌었지만, 손님은 엽주 머리카락을 한 움큼 잡아 뽑아 버렸어요. 엽주 때문에 손님 다 떨어지겠다며 원장이 쌀쌀맞게 쏘아붙였어요.

"어떻게 손님 머리에서 눈을 떼! 저 손님 머리카락 다시 안 나면 어쩔 거야. 옷은 잘못 사면 장롱에 처박아 두면 되지만 머리 모양이 마음에 안 들면 날마다, 거울 볼 때마다 속상하고 기분 나쁜 거 몰라? 미용 일을 만만하게 봤다면 당장 그만둬요!"

엽주는 고개를 푹 숙여 잘못을 거듭 빌었어요. 자신이 원장이라도 이번 실수는 절대 눈감아 줄 수 없다고 생각했기 때문이에요.

호된 꾸지람에 그만둘 줄 알았던 엽주가 계속 나오자, 마음이 누그러진 원장은 커트와 고데, 파마 기술을 가르쳐 주기 시작했어요. 눈썰미가 있는 엽주는 곧잘 따라했어요. 배우는 즐거움만큼 날카로운 가위에 손을 베기도, 뜨거운 고데기에 데기도 여러 번이었어요. 고운 손에 얼룩덜룩 상처가 생겼지만 신경 쓰지 않았어요.

시간이 흐르면서 엽주는 자신의 손끝에서 피어나는 머리 모양에 스스로 놀라워했어요. 아름다움을 만들어 내는 순간이 기뻤어요. 엽주에게도 단골손님이 생기기 시작했어요.

그러던 어느 날, 평소에 엽주 솜씨를 칭찬하던 손님이 얼굴을 찌푸렸어요.

"이번 머리는 왜 이렇게 뻗치죠? 맘에 안 들어."

그제야 손님 머리를 감기지 않고 커트와 파마를 한 것이 화들짝 떠올랐어요. 기름지고 때가 낀 머리는 커트를 할 때 가위질이 날렵하게 들어가지 않아 미용사가 바라는 머리 모양이 나오지 않거든요. 엽주는 자신의 머리를 콩콩, 쥐어박았어요.
'청결이 우선인걸. 바쁘다고 기본을 무시했어.'
실수를 통해 조금씩 나아가는 미용 기술에 재미와 보람을 느끼며 지내던 날이었어요. 미용실 원장이 급한 전보라며 주었어요. '어머니 병환 위중. 엽주의 빠른 귀국을 바란다.'는 뜻밖의 소식이었어요.
서둘러 조선행을 결정한 엽주를 원장이 잡았어요. 조금 더 하면 일류 미용인이 될 수 있다고 했어요. 미용 기술은 물론, 친절하고 성실한 엽주를 놓치기 싫은 거예요. 엽주도 온갖 차별을 받으며 익힌 기술을 일본에서 펼치고 싶었지만 원장 손을 뿌리쳤어요. 기술은 언제라도 배우면 되지만 어머니는 다시 못 볼 수도 있으니까요. 시모노세키에서 부산으로 가는 배를 탔어요. 그러고는 기차를 타고 경성을 거쳐 어머니가 계시는 평양 집으로 갔어요.
"얼마만이우. 우리 딸이 맞나 한번 보자우."
나뭇가지처럼 마른 손으로 엽주 얼굴을 어루만지던 어머니는 며칠 뒤 먼 길을 떠나고 말았답니다. 엽주는 많은 손님의 머리를 감겨 주고 멋쟁이로 만들어 주었으면서 가장 소중한 어머니 머리는 한 번도 정성을 다해 손질해 주지 못한 것이 두고두고 아쉬웠어요.

어머니의 장례를 치른 뒤 엽주는 조선인 차별을 견디며 배우고 익힌 기술을, 우리 조선인들을 위해 쓰자고 생각했어요. 그때 경성에는 일본인 상점거리에만 서너 군데 미용실이 있었거든요.

'조선 여성들에게도 아름다움을 가꿀 권리가 있어. 그러려면 조선인이 마음 편하게 드나들 수 있는 미용실이 필요해.'

조선 1호 미용인

엽주는 미용실을 하려고 경성의 여러 군데를 다녔어요. 그러고는 1933년 봄, 화신백화점 2층에 '화신미용실'을 열었어요. 미쓰코시 백화점이나 조지아 백화점에 뒤지지 않는 번듯한 화신백화점에 차린 거예요. 여학교 출신 직원들이 일하는 화신백화점은 경성 멋쟁이들이 모여든다는 곳이에요.

엽주는 그동안 모은 돈으로 화신미용실에 최신 미용 기구를 들였어요. 가스로 더운 물이 나오고 드라이어가 있을 만큼 최신 시설이에요. 거울과 의자는 물론 편안히 앉아 기다릴 수 있는 소파가 놓여 있어요. 머리뿐 아니라 신부 화장과 매니큐어도 했어요. 사람들은 화신미용실을 두고 유행 제조소라고 불렀어요.

화신미용실을 기웃거리던 여성이 엽주를 알아보고 무척 반가워했어요.

"어머, 너!"

엽주가 일본에 있는 동안 소식이 끊겼던 꽃남이에요. 얼마 전 경성으로 이사 온 꽃남이 화신백화점 구경을 나왔다가 우연히 2층 미용실을 보게 된 거예요. 엽주는 반가워 어쩔 줄을 몰랐어요. 둘은 보통학교 때처럼 두 손을 마주잡고 강중강중 뛰었어요.

"유행 제조소로 소문난 미용실 원장이 엽주, 너였구나. 구불구불한 네 머리 예쁘다. 나도 그렇게 할 수 있을까?"

엽주는 꽃남에게 거울 앞에 앉으라고 했어요. 꽃남이 쪽머리에 끼운 비녀를 살그머니 뺐어요. 태어나 한 번도 자르지 않은 새까만 머리가 출렁 흘러내렸어요.

"머리숱이 꽤 많다. 머리 손질 하느라 열두 명 머리 시녀를 거느리고 있는 건 아니겠지?"

"왜 아니야. 머리에 향유를 바르고 여러 번 빗질을 하는 건 여전해. 오죽하면 빗질을 열두 명 머리 시녀에 빗대어 말할까.

머리 손질 지겹다 지겨워."

싹둑, 싹둑, 가위질 소리가 멈추자 눈을 뜬 꽃남은 귀 밑 5센티미터로 짧아진 머리를 보고 당황했어요. 엽주는 자신의 모습을 낯설어하는 꽃남의 어깨를 감싸 안았어요.

"처음이라 어색한 거야. 내가 멋진 웨이브를 만들어 줄게."

꽃남이 머리에 전기 롯드를 말고 스위치를 켰어요. 머리 위로 퍼런 불빛이 싸르르 왔다 갔다 했어요. 전기 파마를 풀고 엽주가 머리카락에 손을 넣어 부드럽게 만져 주었어요.

봉긋봉긋 단발머리 끝이 살아났어요. 하지만 사각 턱인 꽃남은 자신의 얼굴이 더 커 보이는 것 같아 속상했어요. 갸름한 얼굴의 엽주처럼 세련되어 보이지 않았거든요. 그대로 나갈 자신이 없었어요. 시무룩해진 꽃남은 해가 지길 기다려 인력거를 불러 타고 갔어요. 엽주는 친구에게 최고의 머리를 해 주었다고 생각했는데 꽃남의 어두운 표정에 신경이 쓰였어요.

'유행하는 머리라도 누구에게나 어울리지 않아. 사람마다 얼굴형과 머릿결이 다른 걸 생각했어야 하고, 손님이 급작스러운 머리 변화를 받아들일 수 있는지도 헤아려 봐야 하는 걸.'

꽃남의 머리를 계기로 엽주는 손님들에게 어울리는 머리 모양을 진지하게 고민했어요. 엽주의 노력으로 화신미용실은 위생적이고도 멋을 내는 곳으로 입소문이 났어요. 배우나 예술가

들의 단골 미용실이 되었지요.

그러자 〈삼천리〉 잡지 기자가 찾아와 인터뷰를 요청했어요.

"조선인 1호 미용인 오엽주 씨, 요즘 신여성은 화신미용실을 거쳐야 한다는 말이 있던데요."

"어머, 그런가요? 저는 조선 여성들의 아름다움을 찾아 주겠다고. 그러니까 위생적인 문제에 도움을 주고 싶어 시작한 거예요."

"위생적인 문제라니요?"

"왜, 깨끗하게 머리 감고 세수만 해도 예뻐 보이잖아요. 꾸민다고 얼굴에 분칠만 해대는 여성을 보면 어떨 때는 눈살이 찌푸려져요. 머리도 똑같아요. 최신 유행 머리를 따라 한다고 누구나 아름답습니까? 오히려 청결한 머릿결 자체가 탐스러워 보이지요. 위생이 기본이 되어야 건강한 아름다움이 돋보인다고 생각해요."

"청결, 중요하겠네요."

"그럼요. 우리 미용실에 샴푸 시설을 한 건 그 때문이에요. 일부러 머리 감으러 오는 손님도 많이 계셔요. 얼마나 개운해 하는지 몰라요."

"원장님은 지금 하시는 일에 만족하셔요? 남들이 선망하던 학교 선생님도, 화려한 배우 생활도 하셨잖아요. 그 생활로 돌아가고 싶은 생각은 없는가 해서요."

"전, 아름다움을 가꾸는 미용인을 내 일생의 직업으로 삼겠습니다."

자신감에 찬 엽주 눈이 반짝였어요. 곧 닥쳐올 시련을 알 수 없던 엽주는 화사한 미소를 보이며 기자와 인터뷰를 마쳤습니다.

불길에 휩싸인 화신미용실

1937년 1월 27일 한밤중에 요란한 불자동차 소리가 종로통이 떠나갈 듯 울렸어요. 경성에 있는 소방차 30여 대가 총출동 했어요.

"불! 불이야! 화신백화점에 불이 붙었어요!"

불은 백화점 뒤쪽 과일 노점상에서 시작되었어요. 주인이 켜 둔 촛불이 원인이었어요. 노점상 주인이 잠깐 자리를 비운 사이 몰아치는 겨울바람에 촛불이 넘어지면서 움막에 불이 붙었어요. 그 불길은 순식간에 화신백화점에 옮겨 붙고 말았답니다.

백화점 사장은 물론 미나미 총독까지 나와 지휘를 했지만 불길은 쉽게 잡히지 않았어요. 겨울바람을 타고 백화점 건물이 온통 불길에 휩싸였어요. 건물 유리가 불길에 탁! 탁! 튀며 깨지는데도 물건을 꺼내려 달려드는 상인도 있었어요. 종로통은 구경꾼들이 몰려와 북새통이었어요.

엽주는 불길에 휩싸인 백화점을 보다 눈을 감아 버렸어요. 벌써 2층 화신미용실이 불에 활활 타고 있었기 때문이에요. 그동안의 노력이 사라져 버린 허탈감이 뼛속으로 파고들었어요. 머릿속이 텅 빈 것처럼 아득했어요. 눈물도 나오지 않았어요. 터덜터덜 집으로 돌아온 엽주는 무릎에 얼굴을 묻고는 꼼짝하지 않았어요. '조선 최초 미용인, 유행 제조소'로 높아진 콧대가 하루아침에 폭삭 주저앉은 느낌이었어요.

그렇게 며칠이 지났나 봐요.

따르르릉! 따르릉!

요란한 전화 소리가 들렸지만 엽주는 받지 않았어요. "오엽주는 다시 일어서기 쉽지 않을 거야."라고 말하는 사람들에게 지친 엽주였어요. 남의 불행을 불구경하듯 바라보는 서운함에 엽주는 아무도 만나고 싶지 않았습니다.

계속 울리던 전화벨이 뚝 끊기더니 다시 울렸어요. 끈질기고 집요하게 울리는 전화 수화기를 아예 내려놓으려고 엽주가 수화기를 들었어요.

"엽주, 괜찮은 거지? 조선 1호 미용인 엽주가 시시하게 울고 있는 건 아니지? 힘내라우!"

엄마를 떠올리게 하는 고향 친구 꽃남이었어요. 엽주는 일부러 고향 사투리로 위로하는 꽃남이 목소리가 들리는 수화기를 귀에 댔어요.

"꽃남아, 나 어쩌면 좋을지 모르겠어. 내가 여기까지 어떻게 왔는지 넌 모를 거야. 조선인이라 무시당하고 말도 안 되는 차별을 이겨내며…. 그런데 이젠 날벼락까지 맞았으니 모든 게 다 끝난 느낌이야."

"아, 그랬구나. 힘든 시간이 있었는지 상상도 못 했다. 엽주년, 당찬 구석이 있어 기죽지 않고 살았다고 생각했는데…. 이제야 고백하지만 난 네가 질투 날 정도로 부러웠어. 일하며 돈 버는 신여성이라서가 아니라, 아름다움을 가꾸는 일을 찾았다며, 그 일을 신나게 하는 네가 얼마나 보기 좋았는지 몰라. 그 모습을 다시 볼 수 있게 해줘."

"다시 일어날 수 있을까? 미용실과 함께 내 꿈과 전 재산이 연기처럼 날아갔어. 그것들을 찾아 허공을 헤매는 꿈을 날마다 꿔. 열심히 최선을 다해 살았는데 왜 이런 일이 나한테 일어났는지 모르겠어. 한치 앞도 안 보이는 어둠에 갇힌 것 같아."

누구에게도 털어놓지 못한 자신의 처지를 꽃남에게 말하면서 엽주는 주르륵 눈물을 흘렸어요. 꽃남이 자신의 심정을 진지하게 들어주는 것만으로도 꽉 막힌 가슴이 조금 뚫리는 것 같았어요.

"엽주야, 네 곁엔 늘 꽃남이 함께 있다 그렇게 생각해. 힘닿는 한 널 도울 거니까, 이럴 땐 나한테 맘껏 기대란 말이야."

꽃남의 푸근한 목소리는 어머니의 따스한 품 같았어요. 숯처럼 새까매진 엽주 가슴에 한 줄기 빛이 들어오는 느낌이었어요. 얼어 있던 마음에 온기가 돌았어요. 엽주가 서서히 마음과 몸을 추스르자 화신미용실을 찾았던 손님들이 엽주를 돕겠다고 모여 들었어요.

엽주는 생각지도 못한 온정에 주먹을 불끈 쥐었어요.

"그래, 이대로 포기할 순 없어."

볼이 홀쭉해진 엽주는 다시 짐을 꾸려 부산행 기차를 탔어요. 그러고는 일본으로 가는 배에 올라탔습니다. 엽주는 프랑스에서 미용 기술을 익힌 와다나베 선생님에게 5개월 동안 새로운 기술을 배웠어요. 머리 미용은 유행이 자주 바뀌어 늘 배우고 연구해야 손님들을 만족시킬 수 있어요. 경성으로 돌아온 엽주는 새롭게 시작할 미용실 장소를 찾아 다녔어요.

"음, 이곳이 괜찮겠어."

종로통의 영보빌딩 4층을 미용실 장소로 결정한 다음, 직원을 뽑고 미용 기구들을 들여 놓았어요. 그런데 미용실 이름이 고민이었어요. 예전의 화신미용실을 그대로 쓸까 했지만 새 장

소에 맞는 간판을 걸고 싶었어요. 이마를 톡톡 치며 종로통의 간판을 보고 다녔어요.

"어머나 오엽주 원장님 아니세요?"

몇 년 전, 화신미용실을 찾아와 인터뷰했던 〈삼천리〉 잡지 기자였어요. 엽주가 다시 미용실을 낸다고 하자 희소식이라며 이번 달 소식란에 실어야겠다고 했어요.

"미용실 이름이 어떻게 되지요?"

"아, 그게… 그냥 제 이름과 날짜만."

"어머머, 오엽주 선생님 이름으로 여신다고요? '엽주미용실' 오, 아주 좋은데요."

엉겁결에 미용실 이름은 '엽주미용실'이 되었어요. 직원들도 좋다며 손뼉을 쳤어요. 한편으로 엽주는 자신의 이름을 건 미용실에 묵직한 책임감을 느꼈어요. 실력 없다고 소문이라도 나면 자신의 이름은 조롱거리가 될 것이기 때문이에요.

엽주는 마음을 다잡고 사진관에서 직원들과 단체 사진을 찍었어요. 하얀 가운을 걸친 엽주와 직원들 모두 환하게 웃고 있는 사진을 광고지로 만들어 경성 구석구석에 돌렸어요.

구불구불 물결 머리는 '엽주미용실'이야요.

영원한 미용인으로

다시 문을 연 '엽주미용실'에는 손님이 끊이지 않았어요. 하루는 직원이 퇴근하고 미용실 문을 닫으려 할 때였어요.

"미용 기술을 배우고 싶어서 찾아왔습니다."

엽주는 아직 견습생을 둘 처지도 실력도 아니라는 생각에 거절했지만, 여성은 물러서지 않고 엽주에게 매달렸어요.

"일본인 미용실에서 일하고 있는데요, 말끝마다 더럽고 무식한 조센징이라며, 일한 지 일 년이 넘었는데도 쓰레기만 치우고 있어요. 가위는 손도 못 대게 하는데 언제 기술을 배울지 모르겠어요."

엽주는 자신이 일본에서 받은 차별이 떠올라 부르르 몸을 떨었어요.

'여긴 우리 조선이야. 여기에서도 일본인에게 차별받으며 무시당한다니 말도 안 돼. 그동안의 내 경험과 실수를 바탕으로 가르쳐 보자.'

엽주는 미용 기술을 배우고 싶어 하는 사람을 받아 들였어요.

몇 년 후, 조선이 일본으로부터 해방되고 난 후에는 정식으로 미용연구소를 차려 많은 교육생을 가르쳤습니다.

"무엇보다 청결이 우선입니다. 손님 머리를 다룰 땐 먼저 샴

푸하고 커트와 파마를 해야 합니다. 얼굴형에 맞는 머리 모양을 늘 연구하고, 모발에 따른 머리 손질 방법을 고민해야 합니다. 손님 머리로 연습할 생각은 아예 버려야 할 거예요. 그렇게 노력하면 여러분은 당당한 미용인으로 일하게 될 겁니다. 경제적으로도 독립할 수 있으니 진정한 신여성, 직업여성이 되는 거예요."

강의를 마치고 나온 엽주가 꽃남이를 발견하고 다가갔어요.
"어머, 여기 웬일이야?"
"으응. 우리 딸 만나러 왔지. 여기 교육생이거든."
꽃남은 여학교 졸업반인 딸이 엽주처럼 미용인이 되고 싶어 한댔어요. 꽃남의 딸이 친구들과 먼저 가겠다고 앞서 걸었어요.
엽주와 꽃남은 교육장을 나와 단풍이 곱게 물든 길을 걸었어요. 바람이 불자 노랗고 빨간 나뭇잎들이 할랑할랑 떨어져 누웠어요. 꽃남이가 빨간 단풍잎을 주워 엽주에게 건네며 말했어요.
"어릴 적 네 얼굴빛 같아."
"내 얼굴?"
"다다시 선생한테 청결 점수 빵점 받고 자리로 돌아오던 네 얼굴빛이 이랬거든."
"호호 생각난다. 그 일본인 선생이 내 머릿니 보고 난리도 아니었지. 청결 점수 빵점 오엽주가 조선 1호 여성 미용인이 될지 누가 알았겠니?"

"어머 얘, 난 알아봤어. 어린 네가 단발로 자르고 나타났을 때 얼마나 놀랬게. 보통은 머리 자르고 싶어도 생각만 하지 그렇게 못하잖아. 근데 넌 행동으로 보여줬잖아. 어려서부터 넌 참 남달랐어. 지금은 네 얼굴에서 반짝반짝 빛이 나. 즐거움의 빛. 그 힘으로 어려운 고비를 넘겼을 거야."

엽주가 꽃남이 손을 꼭 잡았어요.

"너의 속 깊은 배려가 없었다면 아마 난, 다시 일어나지 못했을 거야. 네 응원 덕으로 여기까지 온 거야. 난 앞으로도 영원한 미용인으로 살 거야."

엽주는 자신이 선택한 아름다움을 가꾸는 일을 자랑스럽게 생각했어요. 그래서 손님들 머리를 정성을 다해 손질해 주었어요. 머리 모양이 마음에 든다며 손님이 환하게 웃어 주면 날아갈 듯 기뻤지요. 비슷한 듯 다 다른 사람들의 머리를 보며 '걸어 다니는 작품'이라는 생각이 들 때마다 그 일을 하는 자신이 뿌듯했습니다.

2

찰칵!
진심을 찍는
이홍경

_김현주 글

이홍경은 이렇게 살았어요~

독학으로 사진을 공부하여 1921년 경성에 '부인사진관'을 열었어요. 1926년 5월에는 근화여학교(덕성여대)에 개설된 '사진학과'에 초대 교사로 학생들을 가르쳤어요. 그 후, 남편 채상묵과 '경성사진관'에서 사진사로 활동하였습니다.

영혼을 빼앗는 사진기

홍경은 집안 정리를 하다 처음 보는 물건에 눈길이 닿았어요. 어디에 쓰는 건지 궁금해서 남편에게 물었어요.

"이게 뭐예요?"

남편은 함부로 만지지 말라고 손사래를 쳤어요. 그러고는 물건을 아기 다루듯 조심스레 설치했어요.

철로 된 삼각 지지대 위에 있는, 붉으래한 가죽 옷을 입은 직사각형 물건 앞에 홍경이 멈춰 섰어요. 묵직해 보이는 물건 앞으로 아코디언 주름관 같은 것이 튀어나와 보여요. 맨 앞 중앙에는 안경원숭이 눈 같은 유리 렌즈도 있고요.

"이게 바로 사진기요."

홍경은 신기한 듯 이리저리 사진기를 보다 남편에게 물었어요.

"당신 일본 유학 시절 보낸준, 그 사진을 박는 기계란 말이죠? 그런데 조선에선 사진을 박으면 사람의 영혼이 빠진다는 말이 있던데요."

"말도 안 되는 소리. 그냥 피사체, 그러니까 사람이든 사물이든 그대로 모습을 옮기는 기계일 뿐이오. 사람들이 종이에 사람이 박힌 걸 보고는 혼비백산해서 영혼까지 빠지는 줄로 착각하는 거요."

"사진을 여러 장 박은 당신이 이리 멀쩡한 걸 보면 영혼이 빠진다는 건 헛말이네요. 그렇다면 사진기 모셔만 두지 말고 우리 식구들 사진도 찍고 옆집 찬이도 찍어 주면 좀 좋아요? 얼마 있다 찬이네 이사 간다는데."

"어허. 함부로 다루다 고장이라도 나면 어쩌려고. 청계천가의 허름한 집 한 채 값은 나가는 물건이요. 그러니 소중하게 다뤄야지요."

홍경의 입에서 피식 웃음이 나왔어요.

"아유 참. 구슬도 꿰어야 보배라고 하잖아요. 기계도 써야 기계 값을 하는 거 아니에요? 내 생각엔 당신 초상화 그릴 때도 이 사진기를 활용하면 좋겠어요."

사진기를 챙겨 넣으려던 남편이 홍경을 돌아봤어요.

"초상화 그리는데 사진이라니?"

"초상화 그릴 사람을 사진으로 찍어 오면 몇날 며칠 그 사람을 보면서 그릴 필요가 없을 거 아니에요. 여성 초상화를 그릴 땐 더 요긴하겠어요. 당신 앞에서 부인들이 얼굴 보이기 꺼려한다면서요."

남편이 홍경의 손을 덥석 잡았어요.

"오호, 놀랍소. 당신은 어찌 그리 좋은 생각을 하오."

일본에서 그림 공부를 한 남편은 서대문정 1정목에서 화실을 운영하고 있어요. 주로 초상화를 그려 주는 일을 맡았지요. 근대 직업 화가로 활동하는 모습이 신문 기사에 오르내릴 만큼 실력이 탄탄했어요. 그림뿐 아니라 사진 기술도 수준급이었어요. 그날 이후로 남편은 부인 초상화 요청이 들어오면 사진 장비와 유리건판(필름)을 챙겨 갔어요.

홍경은 암실에서 남편이 사진을 현상하고 인화하는 과정을 지켜봤어요. 문화주택 북쪽으로 깊숙이 들어 있는 암실은 홍경과 남편만 드나들 수 있는 방이에요. 불붙기 쉬운 화학약품들이 있는 곳이라 무척 조심스러웠거든요. 사진을 현상하고 인화할 때 쓰는 화학약품 냄새에 홍경은 어찔했어요. 검은 천으로 창문을 가려놓은 암실은 대낮에도 밤처럼 깜깜했어요.

남편이 촛불을 켜자 희미하게 암실이 드러났어요. 남편은 촛불을 등지고 사진 현상에 필요한 화학약품이 담긴 유리병 쪽으로 갔어요.

유리병 옆으로 양은 쟁반 여러 개와 집게, 나무 건조대가 있어요. 남편은 손바닥만 한 유리건판(필름)을 현상액과 정지액, 정착액을 차례로 교반하여 물로 씻었어요. 그러고는 건판에 맺힌 상이 인화지에 잘 옮겨올 수 있게 약품 처리를 하고 깨끗한 물로 여러 번 씻어 건조대에 걸어 두었어요. 남편이 촛불을 끄자 홍경도 뒤따라 암실을 나왔어요.

다음 날, 암실에 들어간 홍경이 군데군데 누런 점들이 박힌 사진을 보며 남편에게 물었어요.

"사진이 왜 이래요?"

"글쎄요. 건판(필름)에 먼지나 지문이 묻었나, 아니면 인화지로 옮길 때 약품을 좀 더 말끔히 씻어야 했을지도… 초상화에 필요한 사진이니 쓰는 덴 문제없소."

"사진기로 찍는다고 저절로 멋진 사진이 나오는 게 아니네요. 제대로 뽑으려면 세심하게 작업을 해야겠어요."

남편은 사진에 대해 이것저것 묻는 홍경을 물끄러미 봤어요.

"사진에 관심이 아주 많아 보이오."

"보면 볼수록 신비한 세계 같아요. 배워 보고 싶어요."

"사진은 여성이 할 수 있는 만만한 공부는 아니오. 사진기를 다루는 것도 그렇고 현상과 인화하는 과정이 녹록치 않소."

"그렇다고 남성만 할 수 있는 것도 아니지 않겠어요?"

3년을 틀어박혀

홍경이 고집을 꺾지 않자 남편은 사진에 대해 많은 정보를 알려주는 두툼한 책을 건넸어요. 홍경은 그날부터 사진책을 끼고 살았어요.

사진기에는 안경원숭이 눈 같은 렌즈가 있고, 피사체(사진을 찍을 때 대상이 되는 물체)를 볼 수 있는 파인더와, 피사체가 또렷하게 보이도록하는 초점 조절장치, 빛의 양을 조절할 수 있는 조리개, 누름 장치인 셔터가 있어요.

최초의 바늘구멍 사진기에서 기술이 점점 발전한 거예요. 바늘구멍 사진기의 구멍에 볼록렌즈를 붙이고, 볼록렌즈에 굴절된 빛이 이르는 곳에 필름(유리건판)을 두는 게 사진 찍는 원리였어요. 홍경은 책 속의 낯선 단어들과 친해지기 위해 읽고 또 읽었어요. 책을 덮어도 사진기 구조와 현상, 인화할 때 주의점이 있는 페이지는 외울 정도였어요.

좋은 사진을 찍는 방법도 반복해서 읽었어요. 책의 내용을 실제로 확인하고 싶은 홍경이 남편에게 말을 꺼냈어요.

"사진기 직접 다뤄보고 싶어요."

너덜너덜해진 사진책을 들고 있는 홍경을 보며 남편이 깜짝 놀랐어요.

"그 책을 벌써 다 본 게요?"

"보다마다요. 눈 감고도 페이지와 내용을 맞출 수 있어요. 그러니 여성이라 못할 거란 선입견은 버리고 사진기를 쓸 수 있게 해 줘요."

남편은 홍경의 열정에 놀라워하며 사진기 다루는 방법을 알려주었어요. 사진책을 외우다시피 읽은 홍경의 귀에 남편의 말이 쏙쏙 들어왔어요. 남편은 현상과 인화까지 해보라며 암실의 열쇠까지 건네주었어요.

며칠 뒤 홍경이 처음으로 사진을 찍고 암실에 들어가 앞치마를 둘렀어요. 현상을 마친 후 인화지를 건조대에 걸어 두었어요. 첫 사진이 마를 때까지 기다려 보려다가 깜빡 졸았어요. 집안 살림과 사진 공부를 함께하다 보니 잠이 부족했던 거예요. 우연히 암실에 들어온 남편이 깜짝 놀라 홍경을 흔들어 깨웠어요.

"화학약품이 가득찬 방에서 잠을 자다니. 촛불까지 켜두고!"

눈을 번쩍 뜬 홍경은 가슴이 철렁 내려앉았어요. 만약 촛불이 쓰러지기라도 했다면, 암실에 화르르 불이 붙었을 거예요. 살고 있는 문화주택을 홀랑 태웠을지 모른다고 생각하자 아찔했어요.

점점 사진에 빠져든 홍경은 파인더로 보는 세상의 매력에 빠져 들었어요. 파인더에 맺히는 대상은 복잡하고 산만하지 않았어요. 숨을 멈추고 파인더에 눈을 갖다 대면 피사체의 진실과 마주하는 듯한 느낌이 들었어요. 그렇게 꼬박 3년을 틀어박혀 사진 공부에 매달렸습니다.

조선 최초 '부인사진관'

홍경은 차근차근 공부해서 얻은 사진 기술의 쓰임새를 고민하다, 직접 '부인사진관'을 열게 되었어요. 신문에 광고기사도 큼직하게 났어요.

> 경성부 관철동 75번지 이홍경 여사는 자기 집에서 3년 동안 사진술을 연구한 결과 얼굴을 맑고 아름답게 촬영하는 묘법을 습득하여 21일부터 사진업을 개업한다는데, 그 사진 촬영에 사용하는 렌즈는 유명한 '젯사'를 사용한다 합니다. 경성에 '부인사진관' 개업은 이홍경 여사가 처음이라더라.
> – 〈조선일보〉 1921년 5월 22일

서양 문물이 밀려들어 오던 때였지만 많은 여성이 여전히 쓰개치마로 얼굴을 가리고 눈만 살짝 내놓은 채 외출했어요. 낯선 남자들 앞에서 얼굴을 보이는 걸 꺼려했어요. 그 때문에 사진을 찍고 싶어도 남자 사진사 앞에 설 용기를 내지 못했지요. 홍경은 여성들에게 자유롭고 당당하게 사진 찍을 권리를 찾아주고 싶어 '부인사진관'을 차린 거예요.

'부인사진관'의 유리로 된 천장으로 빛이 들어와요. 당초무

늬 벽지와 붉으래한 카펫을 은은하게 비추고 있어요. 앉아서 찍을 손님을 위한 둥근 의자도 보여요. 사진은 빛으로 순간을 잡아내는 기술이기에 유리 천장으로 자연광을 들인 거예요.

1920년대에는 전깃불이 귀했어요. 경성의 일부를 제외하고는 일반 가정집에서도 호롱불에 의지했지요. 그 때문에 사진관에서도 인공 조명을 쓰기 어려워 유리 천장으로 들어오는 햇빛을 활용했어요.

홍경이 '부인사진관'을 연 지 3년이 지났어요.

'부인사진관'에는 여학생, 엄마와 딸, 모던걸 등 여성 사진이 많이 걸려 있어요. 사진관 문이 빠끔 열렸어요. 열린 문틈으로 꼬마가 얼굴을 삐죽 들이밀었어요.

"어머, 찬이 아니니?"

"네! 이찬이예요. 앞으로도 뒤로도 이찬이. 헤헤."

이웃에 살던 찬이네가 이사 간 후로 한동안 보지 못하던 찬이였어요. 보통학교 3학년이 된 찬이는 예전 기억을 떠올려 찾아왔다고 했어요. 홍경이 찬이의 까슬까슬한 밤송이머리를 매만졌어요.

"제법 의젓해졌는걸."

찬이는 신기한 듯 '부인사진관'에 걸린 사진들을 둘러보다가 모녀 사진을 손가락으로 가리켰어요.

"이 사진 좀 이상해요."

"뭐가?"

"꼭 싸운 사람들 같은 표정이에요. 저처럼 웃으면 좋지 않아요. 헤헤."

찬이의 지적에 홍경의 머리가 쭈뼛 서는 듯했어요. 사진 속 인물들의 표정에 대해 깊게 생각해 본 적이 없었거든요.

설렁탕 한 그릇이 10전 하던 시절, 사진 한 장 값이 50전에서 70전이었으니 아무나 마음 내키는 대로 사진을 찍을 수 없어요. 그런데 마음먹고 찍은 사진의 표정이 어둡다면 볼 때마다 기분이 좋지 않을 거예요. 사진은 사람들에게 평생의 기념품이거든요.

"그러네. 우리 찬이처럼 웃는 모습으로 찍으면 좋겠다. 부모님과 형제들 다 잘 지내지? 엄마와 같이 오지 그랬어. 그럼 사진 찍어 줄 텐데."

사진을 찍어 준다는 말에 찬이가 펄쩍 뛰며 좋아했어요.

"저 먼저 찍어 주시면 안 돼요?"

웃는 눈으로 애교를 떠는 찬이를 홍경은 모른 체할 수 없었어요. 신바람이 난 찬이가 거울 앞에서 머리와 옷을 매만지며 말했어요.

"저 있잖아요. 지금 찍는 사진, 어린이 잡지에 실릴지도 몰라요."

언젠가 본 신문 기사를 더듬어 홍경이 물었어요.

"어린이란 말을 처음 만들었다는 방정환 선생님이 만든 그 잡지? 거기에 사진이 실린다니 웬일이니?"

"어린이 잡지에 제가 쓴 동시를 보냈거든요. 대상으로 뽑히면 사진 실어 준다고 했어요."

홍경이 찬이 뺨을 살짝 잡아 비틀었어요.

"요, 욘석이 그래서 나를 찾아왔군."

싱글벙글한 찬이에게 의자에 앉으라고 했어요.

"이렇게 서서 찍고 싶은데요."

찬이가 허리를 쭉 펴고 다리를 살짝 벌려 자세를 잡았어요.

"잡지에 실릴지도 모른다며? 그럼 얼굴이 크게 나와야 좋을 텐데."

찬이는 전신 사진을 찍겠다고 고집을 피웠어요. 그러고 보니 찬이는 보통 멋쟁이가 아니에요. 말끔한 셔츠와 날렵하게 잡힌 바지 주름이 꼬마신사 같았어요. 아버지 허리띠를 맸는지 묵직한 버클은 배꼽 근처에 매달려 처져 보이고, 허리띠 끝은 허벅지까지 축 늘어져 있어요. 홍경이 허리띠 끝을 뒤로 돌리려고 하자 찬이는 그냥 두는 게 멋지다며 고집을 부렸어요.

홍경은 사진기의 검은 보자기처럼 보이는 관포 안으로 얼굴을 디밀어 파인더로 찬이를 봤어요. 거꾸로 있는 찬이 모습이에요. 사진기 지지대에 달린 바퀴 모양의 손잡이를 잡고 빙빙 돌렸어요. 찬이 모습이 중앙에 오도록 사진기를 위아래로 조절했어요. 또렷하게 보이도록 초점을 맞추던 홍경이 관포 밖으로 나와 찬이에게 다가갔어요. 그러고는 물 묻은 수건으로 찬이 머리를 꾹꾹 눌렀어요.

"어, 어제 이발한 머린데요. 물 묻히면 아버지 머리처럼 힘없이 눕잖아요."

"윤석아, 이발하고 바로 찍으면 자른 면이 빛에 반사되어 할아버지 머리처럼 희끗하게 나올 텐데 그래도 좋아? 이렇게 살짝 물을 묻히면 괜찮아지니까 가만 있어."

홍경은 파인더를 통해 찬이를 다시 확인하고 사진기에 달린 릴리즈 셔터를 쥐었어요. 몇 초의 기다림이 찬이를 바짝 긴장하게 만들었는지, 찬이 얼굴이 점점 굳어지는 거예요. 두 주먹을 다리 옆에 찰싹 붙이고 차렷! 자세로 서 있어요. 모녀 사진을 가리키며 표정이 딱딱하다고 말하던 찬이가 사진기 앞에 서자 똑같은 모습으로 있지 뭐예요. 숨까지 멈춘 듯한 찬이에게 홍경이 말을 걸었어요.

"이찬이, 동시 대상 받으면 어떨 거 같아?"

찬이 얼굴이 부드럽게 풀리며 입가에 웃음기가 떠올랐어요.

"좋아, 대상 받으면 좀 으스대는 마음도 생기지 않을까?"

찬이가 허리에 양손을 올리며 등을 쫙 폈어요. 홍경은 이때다 싶어 릴리즈 셔터를 힘주어 눌렀어요.

찰칵!

"멋진 기념품이 될 거다."

"저 여기 가끔 놀러 와도 되지요?"

홍경은 폴짝폴짝 뛰어가다 뒤돌아보는 찬이에게 손을 흔들어 주었어요.

무라카미의 '촌상사진관'

홍경은 찬이가 돌아간 후 '부인사진관'에서 찍은 사진들을 꺼내 봤어요. 초점을 맞추고, 조명을 신경 쓰고 사진이 잘 나올 수 있게 손님의 옷차림을 정리해 주며 찍었어요. 하지만 사진기 앞에만 서면 손님들이 나무토막처럼 표정 없이 굳어 버렸어요.

홍경은 찬이를 찍으며 사진의 분위기가 중요하다는 걸 새삼 느끼게 되었어요. 대상을 그대로 옮기는 건 더 좋은 사진기를 가지고 있으면 누구나 잘할 수 있을 거예요. 하지만 사진의 이미지를 살리는 건 사진사의 능력이라고 생각했어요.

홍경은 자신의 부족한 점을 극복하기 위해 고민했어요. 그러고는 경성의 유명한 사진관을 찾아가 그곳 사진들을 봐야겠다고 마음먹었어요.

"어, 오늘 사진관 안 해요?"

허리에 책보를 두른 찬이가 '부인사진관'에 왔어요.

"오늘은 문 닫고 사진 공부하러 갈 거다."

"어른도 공부를 해요?"

"모르는 게 있으면 어른이고 아이고 배워야지. 학교 끝나고 오는 길이면 곧장 집으로 가렴. 엄마 기다리시겠다."

찬이가 머리를 긁적이며 엄마 허락을 받고 오겠다며 함께 가자고 했어요.

홍경은 찬이와 전차를 탔어요. 보통학교 3학년 찬이의 알배긴 종아리가 차돌같이 단단해 보였어요.

홍경과 찬이가 일본인 상점거리인 본정에 내렸어요. 본정에는 가게가 많아요. 책과 공책을 파는 곳을 지나 양과자와 눈깔사탕을 쌓아놓고 파는 가게가 눈에 띄었어요. 찬이는 상점거리를 다니다 궁금증이 생겼어요.

"근데 여기는 왜 일본 옷을 입고, 일본말을 하는 사람이 많아요?"

홍경의 얼굴이 잠시 어두워졌어요.

"응. 이곳은 경성의 일본인 거주지야. 그래서….."

옆구리에 칼을 찬 순사가 조선옷을 입은 홍경과 찬이를 쩨려 보듯 했어요. 찬이가 목소리를 낮춰 물었어요.

"사진 공부를 하려면 이곳으로 와야 해요?"

홍경이 천천히 고개를 끄덕였어요. 그러고는 발걸음을 바삐 옮겨 본정 1정목에 있는 무라카미의 '촌상사진관'으로 갔어요.

무라카미는 1907년 영친왕이 일본 왕자와 이토 히로부미와 함께 경회루에서 기념사진을 찍을 때 촬영한 사진사예요. 그 후로 무라카미가 하는 '촌상사진관'은 유명해졌어요. 사진 값이 무척 비싼데도 그곳에서 사진 찍기를 바라는 사람이 많았지요.

'촌상사진관'에는 수십 개의 액자가 걸려 있어요. 유명한 곳이라 그런지 대부분 제복 차림의 고위직 관료들이 번쩍거리는 훈장을 달고 배를 내밀고 찍은 사진이에요.

찬이가 사진을 올려다보면서 입술을 삐죽거렸어요.

"우리를 내려다보며 잘난 체하는 것 같아요."

찬이의 눈에도 사진 속 일본인과 친일파 관료들이 고압적으로 보이는 듯했어요. 무라카미가 인물의 분위기를 도드라지게 살려 찍은 거예요. 홍경은 인물 사진들을 둘러보고 한쪽 벽면에 있는 풍경 사진으로 얼굴을 돌렸어요.

누더기를 걸치고 구걸하는 거지 아이, 물동이를 인 아낙의 저고리 밑으로 삐져나온 가슴, 지게에 항아리 대여섯 개를 지고 곡예하듯 걷는 사내, 발가벗은 아이들이 청계천 가에서 똥오줌을 누는 모습 등 하나같이 지치고 헐벗은 모습이었어요. 일부러 조선의 모습을 깎아내리려는 것처럼 보였어요.

홍경은 사진관을 나오며 불편한 속내를 눌렀어요.

'우리 조선의 참된 모습을 담아야겠어. 차돌처럼 단단한 아이들의 모습. 청계천 토막집에도 산촌에도 우리가 사는 종로에도 그런 아이들은 넘치지. 밟아도 짓이겨도 금세 고개를 쳐드는 질경이처럼 질긴 생명력을 가진 조선의 아이들… 사진 공부하길 정말 잘했어. 모든 것은 사라지지만, 사진은 사라지지 않아. 내가 본 것들을, 느낀 것들을 담을 거야. 순간의 진실을.'

찬이가 고단했는지 집으로 돌아가는 전차에서 골아 떨어졌어요. 땀으로 젖은 찬이 머리를 홍경이 손수건으로 닦아 주었어요.

아버지와 딸

홍경의 사진관 문이 빠끔 열렸어요. 늙수그레한 남자가 물었어요.

"여기가 부인이 사진을 박는다는 곳이 맞나요? 간판은 부인

사진관이 아니네요."

홍경이 미소를 띠며 고개를 끄덕였어요.

'부인사진관'을 혼자 운영하던 홍경은 얼마 전부터 남편과 함께 사진관을 하게 되었어요. 초상화를 그리는 남편은 사진을 찍는 사람들이 점점 늘면서 일이 줄었어요. 자신의 모습이 그대로 박히는 사진을 선호하기 때문이에요. 그래서 홍경과 남편이 함께 사진관을 하면서 '경성사진관'으로 간판을 새롭게 달았어요. 하지만 여성들 사진은 홍경이 도맡아 찍기에 여전히 '부인사진관'으로 통했어요.

늙수그레한 남자가 뒤돌아 쓰개치마로 얼굴을 가리고 있는 여인에게 들어오라고 손짓했어요.

"남자 앞에서는 사진을 안 박겠다고 고집을 부려 여길 찾아 오느라 애먹었소이다."

쓰개치마를 가만히 내린 여인이 신기한 듯 부인사진관을 둘러보았어요. 은비녀를 꽂은 쪽머리에 윤기가 자르르 흘렀어요. 희고 자그마한 얼굴은 한복의 곡선과 어울려 단아하게 보였어요.

"이 아이 사진을 잘 좀 박아 주세요."

"따님이신가 봐요."

"혼인한 지 열흘 된 큰딸이에요. 신랑 따라 멀리 평양으로 가야 한다니 어찌나 서운한지, 사진이라도 박아 두고 보려고요."

사진관 천장으로 들어온 햇살이 남자의 옥빛 두루마기를 비췄어요. 거울을 보며 옷고름을 매만진 여인이 의자에 다소곳하게 앉자 홍경이 사진기 쪽으로 갔어요. 그러고는 사진기 지지대에 달린 바퀴 모양 손잡이를 돌려 여인의 상반신이 가운데 오도록 조정했어요.

파인더로 보며 초점을 맞추자, 아버지와 이별을 앞둔 여인의 눈가가 촉촉해지는 거예요. 딸이 그리울 때마다 볼 사진인데 슬픈 표정으로 찍힐까 홍경은 걱정스러웠어요. 딸의 표정을 눈치챈 아버지가 사진관을 빠져 나갔어요. 그러자 여인이 그렁그렁한 눈망울로 아버지를 찾아 두리번거렸어요.

"아버지가 절 두고 가신 건 아니지요? 아버지를 떠나 살아본 적이 없어요. 아버지가 보고프면 전…."

여인이 참고 있던 눈물을 쏟았어요. 사진관 밖에서 지켜보던 아버지가 허둥지둥 들어와 여인을 달랬어요.

홍경이 여인의 등을 토닥였어요.

"이러면 어떨까요. 따님 독사진 말고 두 분이 함께 찍어 한 장씩 갖고 있으면 좋을 거 같아요. 따님도 아버지가 보고 싶을 때 보고, 아버님도 따님이 보고 싶을 때 볼 수 있게요."

여인이 고개를 들었어요. 눈물로 촉촉해진 눈동자가 반짝였어요.

"어머나, 그런 방법이 있었네요. 사진을 날마다 볼 수 있으면 아버지를 보는 것 같을 거예요."

여인이 눈물 자국을 지우고 아버지와 함께 앉았어요. 아버지와 딸이 고개를 살짝 옆으로 모았어요.

"서로에게 보여주고 싶은 얼굴을 생각하시면서 그대로."

아버지와 딸은 동시에 입꼬리를 올려 웃는 표정을 지었어요.

찰칵! 릴리즈 셔터를 누른 홍경도 두 사람의 밝은 분위기에 만족했어요. 사진을 찍은 후 여유롭게 사진관의 사진들을 보던 아버지가 말했어요.

"여자가 사진을 박는다는 곳이 있다고 해서 처음엔 긴가민가 했는데… 이런 곳이 없었다면 우리 딸하고 사진 박을 꿈도 못 꾸었을 거요. 고맙소이다."

홍경이 미소를 띠었어요.

"최고의 기념품을 만들어 드릴게요."

포마드 신사의 이중성

아버지와 딸이 사진을 찍고 간 지 얼마 지나지 않을 때였어요. 하늘이 우중충해지면서 바람이 불기 시작했어요. 사진관 담을 따라 노랗게 핀 개나리에 휘잉 바람이 몰아쳐 꽃잎들이 파르르 떨렸어요.

홍경은 도톰한 카디건을 꺼내 입었어요. 그러고는 지지대와 사진기를 마른 수건으로 조심조심 닦아냈어요. 사진을 찍은 건판을 모아놓는 상자도 그 옆에 잘 두었어요. 그러고는 환기를 위해 열어 놓은 문을 닫으며 중얼거렸어요.

"웬 꽃샘바람이야. 으으 추워."

"잠깐요."

더블 버튼 양복을 멀끔하게 차려입은 신사였어요. 머리에 포마드를 잔뜩 바른 남자의 머리카락은 꽃샘바람에도 흐트러짐이 없어 보였어요. 홍경은 차림에 어울리지 않게 고무신을 신은 포마드 신사 모습에 훗 웃음이 나올 뻔했어요.

홍경은 사진관을 하면서 손님을 찬찬히 보는 버릇이 생겼어요. 차림에 따라 사진을 찍어 달라는 주문이 달라 자연스레 몸에 붙게 된 거예요.

포마드 신사의 차림새로 보아 가슴 윗부분만 찍을, 그러니까 취업에 필요한 사진일 거라 짐작했어요. 홍경은 포마드 신사를 올려다보며 둥근 의자에 앉으라고 했어요. 두리번거리던 포마드 신사가 입을 열었어요.

"사진사는 어디 있죠?"

"여기 전데요."

포마드 신사는 자신을 가리키는 홍경을 위아래로 기분 나쁘게 훑어봤어요.

"아줌마 말고 사진사를 찾는다고요."

"제가 찍습니다."

"네에? 아줌마가 저기, 저 사진기를 다룰 줄 안다 말이에요?"

포마드 신사가 사진기를 가리키며 묻자 홍경이 목소리에 힘을 주어 말했어요.

"여기 걸린 사진들 대부분 제가 찍은 겁니다. 어떤 사진을 찍을 거죠? 상반신만 찍으시려면 의자에 앉으시고요. 전신을 찍으려면…."

포마드 신사는 홍경의 말은 듣지도 않고 다시 한번 사진관에 걸린 사진들을 휙 둘러보았어요.

"이걸? 경성에 아줌마 사진사도 있었나."

포마드 신사는 자신의 태도에 언짢아진 홍경을 모른 체하며 한쪽에 붙여 놓은 신문 기사를 눈여겨봤어요. 이홍경이 조선 최초로 '부인사진관'을 연다는 예전 신문 기사예요.

"여기 이홍경이 아줌마요?"

홍경은 포마드 신사 쪽으로 얼굴을 돌리지 않고 고개만 까닥했어요. 홍경을 믿지 못하겠다는 듯 이것저것 묻는 포마드 신사 때문에 기분이 나빴거든요. 기름통에 빠졌다 나온 것처럼 반지르르한 포마드 신사가 인상을 썼어요.

"난, 남자 사진사에게 사진을 박고 싶은데요."

"남편은 지금은 출장 중이라 안 계셔요."

"여자들이야 집에서 밥이나 하고 코흘리개 아이들 세수나 씻기는 거지 기계를 어찌 다룬다고. 나도 처음 보는 사진기를 참나. 사진 찍으려고 아침부터 차려입고 머리 만지고 왔는데 난감하군."

홍경은 신사에게 눈길도 주지 않고 속으로 생각했어요.

'겉은 모던보이면서 안은 낡은 생각으로 똘똘 뭉친, 겉과 속이 다른 포마드신사.'

"조금 있음 열릴 조선박람회를 아시려나? 거기 안내원 지원서에 붙일 사진이라 잘 찍어야 하는데 아줌마 사진사에게는 영."

포마드 신사가 사진관을 나가려고 문을 열었어요. 그러자 꽃샘바람이 쌩 밀고 들어오는 거예요. 얼른 문을 닫은 포마드 신사가 거울 앞으로 쪼르르 다가갔어요. 바람이 어찌나 셌는지 포마드신사의 머리가 뒤로 훅 넘어가 버렸어요.

"안 되겠네. 사진관을 찾으러 나섰다간 바람폭탄을 맞겠어. 여기 사진들처럼 잘 찍어 줄 수 있죠?"

팔짱을 끼고 있던 홍경이 치밀어 오르는 화를 삼켰어요. 자신의 실력을 사진으로 보여주겠다는 오기로 포마드 신사에게 수건을 건넸어요.

"머리 정리하면서 포마드를 조금 닦아 내세요."

"비싼 포마드를 바른 건데 왜죠?"

"포마드를 그렇게 덕지덕지 바르면 머리가 붕 뜨게 나와요. 그래도 좋다면야. 지금 입고 계신 아이보리색 양복도 걸리네요. 조금 어두운 재킷이 젊게 보이고 얼굴을 차분히 보이게 하는 효과가 있어요. 박람회 취업 지원서라면 그렇게 나와야 좋지 않을까요?"

"사진 찍기 복잡하네. 그럼, 양복을 바꿔 입고 와야 할 텐데 어떡하나."

"우리 남편과 체격이 비슷한 거 같으니 이걸로 바꿔 입으시죠."

남편 양복 윗도리로 갈아입은 포마드 신사가 멋쩍은 듯 헛기침을 했어요. 홍경이 사진기 관포 안으로 얼굴을 디밀어 포마드 신사를 보고는 다시 나왔어요.

"광대뼈는 나오고 코는 낮으니."

홍경은 포마드 신사 얼굴에 가볍게 분을 바르고 입술연지로 눈가와 코 양 옆을 펴 발랐어요. 코는 조금 높아 보이고 광대

뼈는 살짝 묻혀 보였어요. 포마드 신사가 분 냄새에 얼굴을 찡그렸어요.

"여자들이나 바르는 분을 왜."

"사진만 찍고 닦아 내면 되니까 좀 참으세요. 손님은 오른쪽보다 왼쪽 얼굴이 더 나으니까 정면에서 조금만 오른쪽으로 틀어보세요."

홍경은 단정하면서 신뢰를 줄 수 있는 느낌을 살려 찍어야겠다고 생각했어요. 홍경의 자상한 태도에 믿음이 갔는지 굳어 있던 신사의 얼굴 근육이 서서히 풀렸어요. 몇 개의 전구와 유리 천장에서 들어오는 빛이 조화롭게 포마드 신사를 감싸자, 홍경은 가만히 쥐고 있던 릴리즈 셔터를 꾹 눌렀어요.

찰칵!

포마드 신사가 나가고 홍경은 건판을 꺼내 사진기 옆 검정상자에 넣었어요. 며칠 동안 찍은 건판이 들어 있는 소중한 상자예요. 암실에서 한꺼번에 인화 작업을 하려고 모아 두었어요.

'여성이라는 이유로 실력을 의심하는 사람들의 생각을 바꾸기 위해서라도 최고의 사진을 뽑아야 해. 수정 작업까지 꼼꼼히 해야겠어.'

박살난 유리 천장

포마드 신사가 간 후에도 꽃샘바람은 멈출 줄 몰랐어요. 구름이 몰려오는 하늘이 걱정스러웠어요. 학교를 마치고 사진관을 들러 가려던 찬이가 집으로 종종 걸음을 치고 말았어요.

사진관 문틈으로 비집고 들어온 바람이 히히잉, 이잉 비명소리를 냈어요. 닫아 놓은 유리창을 흔들기도 했어요. 유리 천장으로 먹구름과 햇살이 경쟁하듯 얼굴을 바꿔 머물렀어요.

카디건 옷깃을 여민 홍경은 변덕스러운 봄 날씨를 탓하며 사진관 안의 살림집으로 들어갔어요. 세찬 바람을 맞으며 빨랫줄에서 이리저리 춤을 추는 옷들을 걷었어요.

"어머, 어머 이게 뭐야."

먹구름이 깔리더니 바둑알만 한 우박이 투둑, 툭, 툭툭 떨어지는 거예요.

장독대로 달려간 홍경은 항아리 뚜껑을 얼른 닫고는 사진관으로 몸을 돌렸어요.

그런데 이게 웬일이래요. 바둑알만 하던 우박이 달걀만 하게 커져 쏟아져 내리는 거예요. 유리 천장으로 우박 떨어지는 소리가 쿵투닥, 쿵둑, 쿵 요란하게 들리더니 한순간에 와장창! 천장이 내려앉았어요.

홍경은 재빨리 사진기를 와락 껴안았어요.

"여긴 안 돼!"

쏟아지는 유리 조각들을 고스란히 맞고도 꿈쩍 않는 홍경은 사진기와 한 몸인 듯 보였어요. 카펫이며 의자에 우박과 함께 날카로운 유리 파편이 하얗게 떨어져 있어요. 몸 이곳저곳에 박힌 유리 조각들이 홍경을 찔러 댔지만, 사진기가 걱정스러운 홍경은 삐죽빼죽 날선 조각들을 사진기에서 치우기 바빴어요.

몇 초 더 우박이 떨어지더니 뻥 뚫린 천장으로 햇살이 얼굴을 내밀었어요. 도깨비장난처럼 바람도 잠잠해졌어요.

그때 사진관 문이 벌컥 열렸어요. 출장에서 돌아온 남편이 유리 파편으로 엉망이 된 사진관을 돌아보다 홍경을 보고는 소리를 질렀어요.

"고개 들지 말고 그대로 있어요! 온몸에 유리가 박힌 거 같으니 어쩌면 좋소."

홍경이 멈칫하며 중얼거렸어요.

"사진기는 무사해요. 건판 상자도 아무 이상 없어요."

"미련한 사람, 피했어야지. 사진기 지킨다고 이러고 있었단 말이오? 에구에구 머리에 박힌 유리 조각 좀 보오. 우박 맞은 자리가 밤톨만 하게 툭 불거졌으니 이걸 어쩌면 좋소."

남편은 홍경의 머리와 카디건에 박힌 유리 조각들을 하나하나 끄집어냈어요.

"그래도 큰 조각은 비켜 맞았으니 천만 다행이긴 하오만 살점을 파고든 유리 조각들이…. 이런, 이런, 기어이 머리에서 피가 나지 않소."

홍경이 건판 상자를 가지고 느릿느릿 걸음을 옮겼어요.

"그건 여기 내려놓고 들어가 쉬어요. 내가 사진기 옮길 때 함께 갖다 놓으리다."

홍경은 건판 상자를 꼭 안았어요.

"아니에요. 며칠 동안 찍은 소중한 건판이에요. 찬이 것도, 부녀 사진도, 포마드 신사도 자신이 어떻게 나올까 잔뜩 기대하고 있을 텐데 실망시키면 안 돼요."

사진기와 건판을 지켜낸 홍경은 마음이 놓였어요. 해가 지자 유리 파편에 맞은 상처가 욱신욱신 쑤셔 잠이 오지 않았어요. 잠자리를 빠져나와 사진관으로 갔어요. 남편이 치운 유리 파편이 한쪽 귀퉁이에 수북이 쌓여 있어요.

천으로 대충 가려놓은 천장으로 밤바람이 들락거렸어요. 홍경은 사진관에 걸린 사진 액자들을 떼기 시작했어요. 혹시라도 바람이 액자들을 흔들어 떨어뜨릴지 모르잖아요.

액자 속 사진들과 마주했어요. 사진의 인물들이 새록새록 떠올랐어요. 여고 졸업반 학생, 딸 부잣집 딸들, 만주로 독립운동을 떠나는 남편과 만삭인 아내….

홍경에게 이 사진들은 보물이나 다름없었어요. 3년을 틀어박혀 사진 공부를 하고 '부인사진관'을 냈을 때 얼마나 벅찼는지요. 남들은 몇 년간 찍은 사람들을 다 기억할 수 있느냐고 하지만 홍경은 한 사람 한 사람 잊지 못해요. 홍경은 자신을 사진사로 다시 태어나게 해준 소중한 사진들을 밤바람이 몰아치는 곳에 덩그러니 둘 수는 없었어요. 떼어 낸 액자들을 조심스럽게 암실로 옮겼어요.

그러고는 상자에서 건판을 꺼내 현상과 인화 작업을 했어요. 몸으로 건판 상자를 감싸 안았지만 순간 상자에 빛이라도 들어갔으면 어쩌나 걱정스러웠어요. 사진을 공들여 찍은 게 헛일이 될지도 모르기 때문이에요. 홍경은 숨을 멈춘 듯 긴장하며 건판 현상을 침착하게 했어요. 다행이 건판은 무사했어요.

부드러운 솔로 현상된 건판의 작은 티끌 하나도 말끔하게 닦아 냈어요. 인화지에 남아 있는 약품을 물로 여러 번 씻어 냈어요. 새벽이 부옇게 밝아오도록 암실에서 나올 줄 몰랐어요.

이른 새벽에 남편이 홍경을 찾아왔어요.

"상처가 아직 아플 텐데 밤새 여기 있었단 말이요. 으음? 사진들이 아주 좋소. 티끌 하나 없이 깨끗하오. 이 정도면 경성에서 최고인 거 같소."

배시시 웃는 홍경의 코에서 주르륵 피가 흘렀어요. 손등으로 스윽 코를 문지른 홍경의 눈에 눈물이 핑 돌았어요.

"정성 들인 만큼 사진이 좋아져요."

며칠 후 찬이를 비롯해 사진을 찾으러 온 사람들이 흡족해했어요. 아직 찾아가지 않은 포마드 신사 사진을 보며 소중한 기념품을 지켜낸 홍경은 뿌듯했어요.

순간의 진심을 담는 사진

부서진 유리 천장을 수리하기 위해서 사진관 문을 며칠 닫기로 했어요.

"저, 멋져 보이지요."

홍경이 야외 촬영을 간다고 하자 찬이가 따라붙은 거예요. 맥고모자를 쓰고 나타난 찬이 모습에 홍경은 후훗, 웃음을 내뱉었어요. 아버지 모자를 썼는지 이따금 눈 아래로 푹 꺼져 얼굴을 가렸어요. 그럴 때마다 씨익 웃으며 다시 고쳐 쓰는 찬이는 개구쟁이예요.

홍경은 야외 사진기가 들어 있는 큼직한 가방을 어깨에 멨어요. 아담한 몸집이라 가방이 더 크게 보였어요.

찬이가 홍경의 가방을 툭툭 쳤어요.

"저, 있잖아요."

웬일인지 찬이가 머뭇대며 말을 잇지 못했어요.

"찬이 답지 않게 미적거리긴."

찬이가 길바닥의 돌을 툭 차며 중얼거렸어요.

"있잖아요. 저 그거 안 됐어요. 괜히 사진 찍어 달라고 했나 봐요."

홍경은 찬이 말을 금방 알아들었어요. 찬이가 어린이 잡지에 보낸 동시가 어떻게 됐는지 궁금했거든요. 홍경은 바닥만 보며 걷는 찬이 어깨를 어루만져 주었어요.

"다음에 잘 써서 다시 보내 봐. 사진은 그때 쓰면 되겠다. 그치?"

찬이는 그제야 얼굴을 들어 홍경은 봤어요. 그러고는 묵직한 마음의 짐을 내려놓은 듯 전차 정류장으로 다다다다 뛰었어요.

사람들로 붐비는 장소가 사진 찍기에 좋을 것 같아 홍경은 종로통의 조선인 상점거리로 갔어요. '촌상사진관'이 있는 일본인 상점거리보다 길거리가 널찍했어요. 물건을 파는 사람이나 사는 사람들 거의 조선 사람이라 찬이가 신이 났어요.

홍경은 상점거리의 가게들을 배경으로 사진을 찍었어요. 졸졸 따라다니던 찬이 배에서 꼬르륵 소리가 났어요. 사진에 빠져 있어 점심때를 놓친 것도 모르고 다녔나 봐요.

"맛있는 냄새다."

찬이가 군침을 흘리며 보는 곳은 떡집이에요. 떡집 문이 열리자 구수한 냄새가 풍겼어요. 주인 부부가 통나무 널판에 떡을 치대고 있어요. 덩치가 큰 남편이 떡메를 둘러치면 아낙이 물을 떡에 적셔 주었어요.

홍경과 찬이가 들어서자 아낙이 돌아봤어요.

"어서 오세요. 방금 만든 시루떡도 있고요, 좀 있음 지금 만드는 인절미도 맛볼 수 있어요."

홍경은 김이 모락모락 나는 통나무 널판을 가리키며 사진을 찍어도 되냐고 물었어요. 아낙의 허락을 받은 홍경은 떡메를 힘차게 둘러치는 남편을 사진기에 담았어요.

찬이가 고소한 콩가루를 묻힌 인절미를 입안에 넣었어요. 슬슬 녹는다며 오물오물 씹어 먹었어요. 인절미와 시루떡을 배불리 먹은 홍경은 진열된 떡들과 주인 부부 모습을 한 번 더 사진기에 담았어요.

"아휴, 얼마나 더 걸어야 해요."

배부른 찬이가 슬슬 졸음이 오는지 하품을 했어요. 홍경도 얼른 청계천 가에서 쉬고 싶어 찬이 손을 잡아끌었어요.

며칠 사이로 꽃샘바람은 사라지고 봄 햇살이 청계천을 따스하게 품었어요. 둔덕에는 푸릇푸릇 풀들이 보이고 아이들이 이른 물장난을 치고 있어요. 찬이도 금세 그 아이들과 어울렸어요.

홍경은 아이들 모습을 사진기에 담았어요. 풍차바지를 입은 돌잡이 아가가 형들을 따라다니느라 곧 넘어질 듯 비틀거리는 모습, 아가를 포대기에 업은 열서너 살 여자아이의 발그레한 볼. 아이들 발아래 핀 파란 봄까치꽃과 노란 물감을 뿌려 놓은 듯한 민들레가 그들과 어울려 춤추는 듯 보였어요. 찬란한 자연의 색을 그대로 담을 수 없는 흑백 사진이 아쉬울 뿐이었어요.

수리가 끝나 산뜻해진 사진관의 문이 벌컥 열렸어요.

"며칠 동안 문이 닫혀 있어 걱정했는데 제 사진 잘못 되진 않았지요?"

황급히 들어서는 포마드 신사에게 홍경은 사진을 건넸어요. 얼룩 한 군데 없이 깨끗한 사진이에요.

"오호, 제 사진 맞는 거죠? 정말 맘에 드는데요."

사진을 들여다보는 포마드 신사의 입가가 올라갔어요. 신사는 까칠한 턱수염을 만지작거리며 조심스럽게 말했어요.

"그날 제가 말실수가 많았지요."

"제게 사과하는 거지요?"

포마드 신사가 멋쩍은 듯 고개를 끄덕였어요. 홍경은 유리 박힌 자리가 아물 듯 상처받은 마음에도 딱지가 앉는 느낌이었어요.

신여성, 이홍경으로 우뚝 서다

찬이가 쑥 자라 의젓한 고등보통학교 학생이 되었을 즈음 홍경에게도 변화가 찾아왔어요. 어느 날 '부인사진관'에 낯선 여성이 찾아온 거예요. 잿빛머리를 단정하게 쪽진 모습이에요. 사진관의 사진들을 둘러본 여성이 진지한 태도로 말을 건넸어요.

"제가 부탁을 드려도 될까요?"

"사진 찍으시게요? 저를 믿고 맡겨 보세요."

"아, 사진이 아니고, 제 부탁을 꼭 들어주신다고 약속하셔야 해요."

홍경은 선뜻 대답하지 못했어요. 낯선 사람의 부탁을 무조건 들어준다고 할 수는 없잖아요. 먼저 여성의 말을 들어 보자고 했어요.

여성은 안국동에 있는 근화여학교(덕성여대)의 이사장 겸 교장선생님인 김미리사였어요. 김미리사는 근화여학교에 사진과를 만들 거라며 학생들을 가르쳐 달라고 했어요.

"글쎄요. 누굴 가르쳐 본 적은 없어서 그건 좀."

"아, 우리 학교에 사진과 신설을 고민하고 있을 때 이홍경 씨 얘기를 들었어요. 조선에 전문 여성 사진사를 꼽으라면 단연 이홍경 여사라고, 사진을 잘 찍는 건 물론 깨끗하게 뽑을 줄 아는 기술이 뛰어나다고요. 여기 사진들을 보니 그 말이 사실이네요. 이홍경 씨, 우리 학생들에게 신여성의 모델로 사진을 가르쳐 주세요."

홍경은 겸손하게 두 손을 모았어요.

"독학으로 공부한 것과 실제로 사진 찍은 경험까지 합하면 10년 가까운 세월을 사진과 함께 했지요. 사진에 대해서는 잘 알고 있다고 자부하지만 제가 신여성의 모델이 될만 한지는 모르겠네요."

김미리사가 홍경의 손을 잡았어요.

"제가 여학교를 세운 까닭은 여성 해방을 위해서예요. 이제 우리 여성들도 실업 교육을 통해 경제적 독립까지 가능할 수 있어야 해요. 직업을 가진 후에야 진정한 해방이 아닌가요? 실생활에 이용될 만한 기술을 알려주는 것이 가장 필요하다고 확신해요. 그래서 사진을 생각했고, 사진 교육을 하는 곳이 몇 군데가 있는 걸로 알고 있지만 남성들만 받는다니 여성에게는 기회조차 없는 현실이 안타까워 이렇게 찾아왔습니다. 이홍경 씨도 남녀 차별을 뼈저리게 느끼셨을 거라고 생각해요."

홍경은 아픈 기억들이 떠올라 콧등이 시큰했어요. 그래서 여학생들에게 자신이 알고 있는 모든 걸 가르쳐 보겠다고 승낙했어요.

김미리사가 돌아가고 얼마 지나지 않아 신문에 근화여학교 사진과 학생을 모집하는 광고가 나왔어요.

시내 안국동 근화여학교 안에서는 전 조선을 통하여 아직 처음인 여자 사진과를 설치케 되었는데, 조선에서 처음으로 여자들이 이것을 배우게 되면 많은 흥미를 줄 터이요, 모집 인원은 20명이요, 모집 기한은 5월 10일까지요, 지원자의 자격은 공립보통학교 6학년 졸업 정도이면 족하며, 선생은 경성의 일류 사진 기술자를 초빙합니다. 학비는 입학금 2원 월사금 15원이라는 바, 그 월사금 가운데서 서적과 필름, 기타 약품을 제공할 모양이더라.

― 〈조선일보〉 1926년 4월 23일

드디어 5월 11일 근화여학교에 간 홍경이 사진과 교실 문을 열었어요.

김미리사 교장선생님이 이홍경을 소개했어요.

"여러분 앞에 있는 분은 조선 최초로 부인사진관을 열어 사진사로 일하고 있는 이홍경 선생님입니다."

여학생들이 와! 소리를 지르며 박수를 보냈어요. 쪽진 머리에 수수한 한복 차림의 홍경이 인사를 했어요. 그러고는 차분하고 힘 있는 목소리로 말했어요.

"여러분을 보니 기분이 막 좋아집니다. 그동안 남자 사진사들 속에서 저만 유일한 여자였는데, 여기 있는 학생들과 함께 사진 공부를 하며 좋은 사진을 어떻게 찍을까 같이 고민할 수 있게 되어 기쁩니다."

홍경은 가지고 온 사진 장비를 풀어 설치했어요. 가까이에서 사진기를 보는 학생들 눈빛이 초롱초롱했어요.

"여러분이 지금 보고 있는 사진기와 지지대는 부피도 크고 묵직해요. 하지만 저도 다룰 수 있을 만한 기계이니 학생들도 어렵지 않게 할 수 있어요. 사진사는 오히려 남성보다 여성에게 유망한 직업이라고 생각합니다."

가장 앞자리에 앉은 여학생이 물었어요.

"여성에게 유망하다는 이유가 뭔지 궁금해요."

"사진은 섬세한 기술이에요. 찍을 때뿐만 아니라 사진을 결함 없이 뽑고 수정하는 과정은 꼼꼼한 여성이 남성보다 유리할 수 있습니다. 여러분이 사진을 배워 사진사로 일한다면 남자 사진사 앞에서 사진 찍기를 꺼려하는 여성들에게도 도움이 될 거예요."

홍경의 말에 여학생들이 고개를 끄덕여 공감했어요. 홍경은 그동안 찍은 사진들을 보이며 사진에 대한 설명을 자세하게 해 주었어요. 학생들은 찬이와 야외 촬영한 사진들을 보며 신기해했어요.

첫날 수업을 마친 후 홍경은 여학생들 단체 사진을 찍어 주었어요. 댕기 머리에 한복을 입은 여학생들 눈동자가 새로운 공부에 대한 호기심으로 반짝거렸어요.

홍경은 연초록의 나뭇잎들이 춤추는 근화학교 교정을 빠져나왔어요. 다음 수업은 좀 더 알차게 준비해야겠다고 생각했어요. 남녀 차별의 벽을 뛰어넘은 이홍경의 어깨에 또 다른 책임감이 얹혀 있는 듯했어요.

3
진짜 가수, 왕수복

_이정호 글

왕수복은 이렇게 살았어요~

1917년 화전민의 막내딸로 태어났어요. 평양 기생학교를 졸업하고 레코드 가수가 되었지요. 기생을 그만둔 뒤 일본의 음악학교에 입학하여 이탈리아 성악을 배웠어요. 소설가 이효석과 운명 같은 사랑을 하기도 했고요. 일제가 전쟁을 일으키자 침략을 부추기는 노래를 부르지 않겠다면서 가수를 그만두었어요. 광복 후 새로운 사람을 만나 혼인했고, 북한에서 딸과 아들을 낳으며 평범하게 살았어요. 북한의 존경받는 '공훈 배우'가 되어 우리 겨레의 정서와 감정을 노래했지요. 2003년 가수로 살아온 지난날에 만족하며 지그시 눈을 감았습니다.

너 노래 참 잘하는구나

"성실아, 아궁이에 불 지피라우."

"예."

수복이의 대답 소리는 퉁명스러웠어요. 큰이모가 성실이라고 불러서였죠. 성실은 수복이의 옛날 이름이에요. 힘든 세상에서 살려면 부지런해야 한다며 아버지가 지어 주었죠. 농사꾼인 아버지는 참 부지런했어요. 너무 열심히 일해서 그만 몹쓸 병에 걸렸죠. 시름시름 앓던 아버지는 곧 세상을 떠났어요. 수복이가 두 살 때였어요. 할머니는 그런 수복이에게 복이 없다고 했지요.

"네래 니 아바디처럼 살디 말라. 길게 길게 살라, 복도 많이 받고."

할머니는 다른 이름을 지어 주었어요. 목숨 수, 복 복, 수복. 오래 살면서 복을 많이 받으라는 뜻이지요. 수복이는 수복이란 이름이 정말 좋아요. 그런데 큰이모는 계속 성실이라고 불러요. 수복이는 때를 봐서 다시 말씀드려야겠다고 생각했어요.

불을 지핀 수복이가 어머니 곁에 찰싹 붙었어요. 보리쌀을 씻던 어머니가 눈을 흘겼어요. 거치적거린다는 말이지요.

"어머니, 노래 불러드릴까요?"

"쉿! 큰이모부 귀에 들리면 안 돼."
큰이모집에서 더부살이를 하니 늘 눈치를 봐야 해요.
"작게 부르면 되잖아요."

어기여차 불어라 불 불어 주구려
은근 살짝 불어도 만대장만 나온다.(서도민요 풍구타령)

처음에 모깃소리만 하더니 흥이 돋자 소리가 커졌어요. 신이 난 수복이는 어깨춤을 추었어요. 불쏘시개로 바닥을 탁탁 치며 장단을 맞추었어요.
"에헴, 에헴."
수복이와 어머니는 얼음처럼 굳었어요. 놀란 토끼 눈이 되어 마주 보았지요. 부엌에선 타닥타닥 장작 타는 소리만 났어요. 헛기침 소리가 더 나지 않자 어머니는 수복이 머리를 쓰다듬어 주었지요.
"우리 딸 노래 들으면 언제나 힘이 나."
수복이는 함박웃음을 지었어요. 어머니를 위해 언제라도 노래를 불러 드려야겠다고 다짐했어요.
아직 찬바람이 가시지 않은 이른 아침이었어요. 어머니는 수복이를 조용히 불렀어요.

"시내에 일하러 가는데 같이 갈래?"

"네, 좋아요."

어머니가 가는 곳은 평양 시내에 있는 교회예요. 그곳에서 어머니는 일감을 얻었어요. 교회에 딸린 유치원 구석구석을 청소하는 일이지요. 그곳에는 수복이가 할 일감도 있었어요. 교회에 다다르자 수복이는 유치원의 선생님을 따라갔어요. 선생님은 수복이가 할 일을 알려주었어요.

"아이들 시중들면 된단다."

유치원은 부잣집 아이들이 다니는 곳이에요. 부잣집 아이들은 혼자서 뭘 잘 못 해요. 누군가 옆에서 도와줘야 해요. 가난한 집 아이들은 혼자 척척 잘하는데 말이에요.

"네 또래 아이들인데 괜찮겠니?"

"일없어요. 괜찮아요."

수복이는 밝게 웃었어요. 어떻게든 어머니에게 보탬이 되어야 하니까요.

유치원 수업이 시작되었어요. 선생님이 풍금(오르간)을 치자 아이들이 노래를 부르기 시작했어요. 수복이가 난생처음 듣는 노래였어요. 조선 노래가 아닌 것 같았어요. 하지만 낯설게 들리지 않았어요. 수복이는 아이들이 부르는 노래에 점점 빨려들어 갔어요. 더듬거리며 노래를 따라 불렀지요.

"수복아."

선생님이 수복이를 나지막하게 불렀어요. 목마른 아이들에게 물을 가져다주라는 말이지요. 수복이는 재빨리 물을 가져왔어요. 그러면서 조금 전 부른 노래를 흥얼거렸지요.

그날부터 수복이는 유치원 가는 날을 기다렸어요. 갈 때마다 새로운 노래를 배워서 기뻤어요. 아이들 시중드는 일도 익숙해져서 힘들지 않았어요. 아이들이 꾀죄죄하다고 놀려도 괜찮았어요. 노래를 부를 땐 수복이도 유치원 학생이 되니까요.

수복이가 어머니와 함께 유치원 뒤뜰에서 잡초를 뽑을 때였어요. 수복이는 어깨너머로 배운 노래를 부르기 시작했어요. 은쟁반에 옥구슬 구르듯 맑은소리가 뒤뜰에 울려 퍼졌어요. 이마에 흐르는 땀도 금세 마를 것 같은 소리였죠.

"짝짝짝."

갑자기 박수 소리가 났어요. 수복이는 노래를 부르다 말고 고개를 돌렸어요. 수복이 앞으로 유치원 선생님이 걸어오고 있었어요.

"누가 이렇게 꾀꼬리처럼 노래를 잘 부르나 했더니 수복이구나."

수복이 얼굴이 빨개졌어요. 태어나서 처음으로 박수를 받아 기분이 이상해졌어요. 수복이는 두 손을 공손하게 모으고 머리를 조아렸어요.

"너 노래 참 잘하는구나. 언제 노래를 다 익혔어?"

"아이들 노래 배울 때 따라 했어요."

"보통 실력이 아니야. 대단해."

선생님이 어머니에게 말씀하셨어요.

"제가 잘 아는 음악 선생님이 계세요. 윤 선생님이라고, 지금 명륜보통학교에서 가르치고 계세요. 수복이 재능이 너무 아까워요. 학교 보내시는 게 어때요?"

어머니는 한숨을 내쉬었어요. 학교 보낼 형편이 못 되니까요. 선생님은 어머니의 손을 꼭 잡았어요. 어머니는 수복이를 다정하게 바라보셨어요. 수복이의 눈빛이 어느 때보다 반짝거렸어요. 말은 하지 않지만, "보내 주세요." 하고 애원하는 것 같았어요.

월사금이 없어서

드디어 수복이는 꿈에 그리던 보통학교에 입학했어요. 어머니가 어렵게 학비를 마련한 덕분이지요. 수복이는 방과 후에 윤 선생님에게 갔어요. 수복이만 간 건 아니었어요. 노래 잘하는 아이들이 모두 모였죠. 그중에는 명주도 있었어요. 명주는 노래 잘한다며 어느 날 갑자기 학교에 들어온 수복이가 못마땅했어요.

"다 함께 불러 볼까요?"

윤 선생님이 지휘를 시작했어요. 아이들은 선생님의 손끝을 따라 아기 새처럼 입을 오물오물거렸죠. 한참 부르는데 이상한 소리가 났어요. 누군가 틀린 음정으로 부른 거예요.

"누구지?"

명주가 수복이를 손가락으로 가리켰어요. 수복이는 당황해서 어쩔 줄 몰라 했어요.

"수복이가 틀린 게로구나. 다음엔 좀 더 신경 쓰자."

명주는 눈을 흘기며 수복이를 비웃었어요. 수복이는 창피해서 명주에게 뭐라고 할 수 없었지요.

노래 연습을 할 때마다 명주는 수복이의 잘못을 꼬집었어요. 명주는 수복이가 선생님에게 칭찬받는 걸 싫어했어요. 자기가 수복이보다 더 노래를 잘하니까 자기만 칭찬받아야 한다고 생각했죠. 연습을 끝내고 돌아가는 길에 명주는 수복이를 불러 세웠어요.

"너 이번 달 월사금은 냈어?"

학교에 다니려면 다달이 월사금을 내야 해요. 수복이는 월사금을 꼬박꼬박 내지 못했어요. 늘 늦게 내서 담임선생님에게 이름이 불렸죠.

"아, 아직."

명주는 다시 눈을 흘겼어요.

"너, 윤 선생님께 미안하지도 않니? 정성껏 가르쳐 주시는데 월사금 안 내면 어떡해? 너 노래 잘해서 학교 들어왔다며? 오늘도 많이 틀리더라. 노래 잘하는 애 맞아?"

명주의 말 한마디 한마디가 수복이에게 가시가 되어 꽂혔어요. 수복이는 뭐라고 대꾸하지 못했어요. 명주 말이 틀리지 않으니까요. 집에 돌아온 수복이는 어머니에게 조용히 말했어요.

"저 학교 그만 다닐래요."

"월사금 때문이구나. 조금만 더 기다려 보자꾸나. 품삯 받을 때가 다가오니…."

어머니는 수복이를 품에 꼭 안았어요. 수복이는 마음이 따뜻해졌어요. 학교에서 노래 연습을 더 열심히 해야겠다고 생각했죠. 그러나 수복이의 노래 실력은 크게 좋아지지 않았어요. 명주와 친구들이 질투해서 마음이 움츠러들었기 때문이지요.

어느 날부터 수복이는 방과 후 음악 연습에 가지 않았어요. 대신에 학교에서 허드렛일을 했어요. 비록 작은 품삯이지만 월사금에 보태려는 거였죠. 허드렛일을 마치고 집으로 돌아올 때 노을이 붉게 물들곤 했어요. 수복이는 노을을 바라보며 노래를 불렀지요.

> 아리랑 넘는 길 몇만 리던가요
> 가면 오지도 못하는 길인가요
> 아리-랑 스리-랑
> 아리랑 고개는 힘겨운 고개.

수복이의 눈가에 눈물이 어른거렸어요. 수복이는 고생하시는 어머니를 생각하며 눈물을 닦았지요. 언젠가 좋은 날이 오리라 굳게 믿었어요.

보통학교 3학년이 된 지 얼마 지나지 않을 때였어요. 수업이 끝난 뒤 수복이는 교실에 남았어요. 담임선생님이 할 말이 있다고 해서죠.

"수복아, 월사금이 많이 밀렸어."

수복이는 대답도 못 하고 고개만 푹 숙였어요.

"이번에도 못 내면 학교를 그만둬야 해."

수복이는 그냥 듣고만 있었어요.

다음날에 수복이는 학교에 가지 않았어요. 그리고 며칠 후 학교에서 편지가 왔어요. 월사금을 내지 못해 수복이를 퇴학시킨다는 내용이었죠. 편지를 읽은 수복이는 입을 꾹 다물었어요. 터져 나오려는 울음을 억지로 눌렀어요. 수복이는 마음속으로 다짐했어요.

'지금은 참아야 해. 언젠가 기회가 되면 꼭 다시 다니자.'

학교에서 쫓겨난 지 두 해가 지났어요. 수복이는 여전히 허드렛일을 하러 다녔지요. 그러면서 학교에 관한 생각을 잊고 지냈어요. 어느 날 수복이는 평양 시내에서 아주 특별한 벽보를 보았어요.

기생학교 학생을 모집합니다.

당시의 기생학교는 춤추고 노래하고 악기 연주하고 그림 그리고 글씨 쓰는, 예기(예술인 기생)를 양성하는 학교였어요. 지금으로 치면 예술 종합학교지요. 수복이는 고민했어요. 기생학교에 들어가 노래하는 예기가 될까? 아니면 지금처럼 어머니를 도우며 살까? 모집 마감 날짜가 점점 다가오자 수복이는 조급해졌어요. 어머니는 수복이의 속마음을 알고 있었죠.

"수복아, 기생학교 들어가는 게 좋겠다."

어머니도 고심 끝에 한 말이었어요. 세상에 어떤 어머니가 딸을 기생으로 만들고 싶겠어요. 사람들은 기생이 천하다며 손가락질을 해 대는걸요. 그러나 집안 형편상 수복이가 꿈을 이루고 살아갈 방법은 기생학교밖에 없었어요. 수복이는 마침내 결정했어요.

'그래도 정식 학교잖아. 열심히 배우면 될 거야.'

낯설지만 새로운 세계가 열두 살 수복이를 기다리고 있었어요.

새로운 학교는 어떨까?

꽃피는 사월에 수복이는 평양 기생학교에 들어갔어요. 입학 첫날, 빨간 벽돌로 지은 2층짜리 학교 건물이 수복이의 마음을 사로잡았어요. 한편으로는 화려한 건물만큼 화려한 모습으로 졸업할 수 있을까 걱정했어요. 하지만 수복이는 움츠러들지 않겠다고 다짐했어요. 또다시 명주 같은 아이를 만나도 당당해지겠다고 말이에요.

시간표를 본 수복이는 적잖게 놀랐어요.

가곡, 서화(서예와 그림), 수신(바른생활), 창가, 조선어, 산술(수학), 국어(일본어)

기생학교라고 해서 춤과 노래와 그림만 배우는 게 아니었어요. 올바른 몸가짐을 익히고, 조선어와 일본어에 산술까지 배워야 하니까요. 보통학교를 3년밖에 안 다닌 수복이는 근심이 앞섰어요. 6년을 다 마친 아이들에 비해 뒤처질 수 있으니까요. 무조건 열심히 하는 수밖에 없었지요.

창가를 가르치는 김 선생님은 참 반듯한 분이었어요. 수복이는 김 선생님의 지도를 맡으며 나날이 노래 실력을 쌓아 갔죠. 거문고를 가르쳐 준 분은 류 선생님이었어요. 류 선생님은 손가락에 굳은살이 배기도록 철저히 가르쳐 주었지요.

가야금뿐 아니라 거문고와 피리도 배워야 했어요. 연습 시간은 늘 부족했죠. 그래도 수복이는 연습을 게을리하지 않았어요. 선생님 말씀 하나하나를 귀담아듣고 그대로 따라 했지요. 선생님들의 칭찬은 계속 쌓여 갔어요.

수복이는 서예와 그림에도 남다른 재주를 보였어요. 수복이가 가장 좋아하는 그림은 대국(큰 국화)이었죠. 실력이 남달라서 제일 잘 그리는 아홉 명 안에 들었어요. 실력이 매우 뛰어난 스승님에게 배운 덕택이었죠.

"수복이가 그린 국화 송이는 살아 있는 것 같아. 만지고 싶다는 생각이 든다니까."

그림 선생님은 칭찬을 아끼지 않았어요. 기생학교 생활이 수복이에게 커다란 기쁨이었지요.

수복이가 3학년이 되었을 때, 일선이라는 아이가 학교에 들어왔어요. 일선이는 열두 살 때부터 노래 잘한다고 알려진 아이였어요. 평양 공회당에서 열린 노래 대회에서 당당히 1등을 했죠. 일선이는 수복이보다 두 살 어린 동생이었어요.

일선이가 기생학교에 들어온다고 소문이 나자, 학생들은 술렁거렸어요. 수업을 함께 받는 동기들이지만, 그들 사이에도 경쟁의식이 있었어요. 남보다 더 잘해야 기생학교를 졸업한 뒤 편하게 살 수 있으니까요. 수복이도 일선이에 대해 경쟁심을 가졌어요. 일선이는 정말 뛰어나게 노래를 잘하는 아이였어요. 선생님들의 칭찬이 마르지 않았죠.

어느 날 수복이는 노래 연습하는 일선이를 지켜보게 되었어요. 일선이는 육자배기 조의 민요를 길게 빼고 있었어요. 수복이는 일선이의 노래를 들으면서 환상에 빠져들었어요. 일선이의 목소리는 구름 위를 떠다니는 것 같고, 바다 위를 걷는 것 같았어요. 때로 아름다운 꽃밭 사이를 서성거리는 것도 같았지요. 수복이는 감탄하면서도 샘을 냈어요. '으흠, 으흠' 헛기침을 여러 번 했지요. 그 소리에 일선이가 노래를 멈췄어요.

"수복 선배님 오셨어요?"

수복이는 선배답게 제법 무게를 잡았어요.

"네 목소리가 참 독특하다."

칭찬인지 아닌지 모를 애매한 말이었어요. 수복이의 꽁한 마음이 드러난 거였죠.

"선배님과 비교하면 많이 부족해요."

뜻밖의 대답이라서 수복이가 놀랐어요. 자기라면 칭찬인 줄 알고 자랑하려고 했을 텐데 말이에요. 일선이는 선배 앞이라서 겸손한 척한 게 아니었어요. 진짜 겸손한 거였어요. 그때 수복이는 보통학교 다닐 적의 명주가 떠올랐어요. 명주가 왜 자신을 질투했을까 생각한 거죠.

'맞아, 내가 잘난 척하는 게 명주는 싫었던 거야.'

수복이는 그때 자기가 가장 노래를 잘한다고 생각했어요. 그래서 유치원 선생님에게 추천받아서 보통학교에 특별히 입학했다고 자부했죠. 수복이는 일선이를 보면서 예전의 자신을 돌아보았어요. 실력이 나아질수록 겸손해져야 한다고 깨달았어요. 익을수록 고개를 저절로 숙이는 벼처럼 말이에요.

수복이와 일선이는 둘도 없는 친구가 되었어요. 부족한 점을 서로 채워 주면서 우정을 나누었어요. 나이가 들어서도 둘의 우정은 변하지 않았어요.

기생학교에 들어간 지 3년 후, 수복이는 졸업을 했어요. 성적이 가장 좋은 최우수 졸업생으로 말이에요. 날마다 실력을 갈고닦은 결과였어요. 자만하지 않고 노력했기 때문이었어요. 게

다가 존경하는 창가 선생님의 실습 보조로 기생학교에서 일하게 되었어요. 창가 선생님은 나이가 많은 탓에 시범 보이기를 힘겨워했는데, 수복이가 그 일을 돕게 된 거죠.

　행복한 기생학교 생활이 끝났어요. 수복이는 더 넓은 세상을 향해 발걸음을 내딛기 시작했어요. 그러나 그 세상은 아직 희미하게만 보였어요.

갑자기 찾아온 행운

　수복이는 기생학교를 졸업한 뒤 가수가 된 게 아니었어요. 기생이 된 거였죠. 그래서 요릿집에서 노래를 부르고 춤을 추었어요. 노래와 춤이 좋아 기생 일을 시작했지만, 일을 할수록 기쁘지 않았어요. 자신을 바라보는 남정네들의 눈빛은 좋아 보이지 않았어요. 노리개(장난감)가 된 것 같았지요. 더욱이 기생 사진이 박힌 엽서가 날개 돋친 듯 팔렸어요.

　어느 밤, 일을 마친 수복이와 일선이는 쉽지 잠들지 못했어요.

"일선아, 오늘도 힘들었지?"

"오늘따라 손님이 많이 왔잖아요."

"난 2년이나 일하고 있지만, 넌 이제 시작이니 더 고생스럽겠다."

"아직은 괜찮아요."

수복이는 콜록콜록 기침을 했어요. 제대로 쉬지 못하고 일만 한 탓이었지요.

"언니 좀 쉬어야겠어요."

"어떻게 쉬어. 내일도 손님들이 들이닥칠 텐데. 그나저나 감기 걸려서 노래가 제대로 안 나오니 큰일이네."

일선이가 수복이의 이마에 손을 댔어요. 열이 조금 느껴졌어요. 일선이는 수복이의 손을 꼭 잡았어요.

"언니, 기운 내세요. 언젠가 좋은 날이 올 거예요. 우리 그때까지 견뎌요."

수복이도 일선이의 손을 꼭 잡았어요. 자기를 위로해 주는 일선이가 기특했어요. 일선이를 위해서라도 힘을 내야겠다고 생각했어요. 수복이는 좋은 일만 상상하기로 했어요.

다음 날 아침, 신사복 입은 남자가 기생학교에 찾아왔어요. 그 남자는 창가 선생님을 만나러 갔어요. 잠시 후 창가 선생님이 수복이를 불렀어요. 수복이가 선생님 방에 들어가자 선생님은 그 남자를 소개했어요.

"이분은 콜롬비아 레코드 회사 사장님이시다."

수복이는 얼떨결에 꾸벅 인사를 했어요. 레코드 사장님은 수복이를 유심히 지켜보았지요.

"일전에 요릿집에서 수복 양 노래를 들었어요. 성량이 풍부해서 어떤 노래든 다 잘할 수 있겠다 싶었지요. 지금 새로운 유행가를 준비하고 있는데, 수복 양 목소리가 그 노래에 아주 딱 맞아요."

수복이는 사장님의 말을 다 알아들을 수 없었어요.

"어때요? 우리와 함께 레코드를 녹음하는 게."

갑자기 받은 제안이라 수복이는 얼른 대답하지 못했어요.

"레코드 가수가 되는 거예요. 전국 방방곡곡 모든 사람이 수복 양의 노래를 유성기로 듣는 거라고요."

가수라는 말에 수복이의 가슴이 콩닥콩닥 뛰었어요. 드디어 가수가 될 기회가 찾아온 거였죠. 수복이는 창가 선생님을 바라보았어요. 선생님은 웃으면서 가만히 고개를 끄덕였어요. 용기를 얻은 수복이는 사장님에게 씩씩하게 대답했어요.

"네, 하겠어요."

수복이의 마음에는 설렘과 기대감이 차올랐어요.

수복이는 배를 타고 일본 도쿄로 건너갔어요. 단 며칠 만에 고생하며 아홉 곡을 녹음했지요. 얼마나 많이 노래를 불렀는지 몰라요. 부르고 또 부르고, 녹음이 제대로 안 되면 다시 부르고. 레코드 가수가 되는 길은 험난했지요.

수복이가 부른 노래는 슬프고 서러운 곡조였어요. 어쩔 수 없었어요. 일본이 조선을 지배하는 불행한 시대였기 때문이지요. 사람들은 수복이의 노래에 젖어 들었어요. 많은 사람이 수복이의 노래를 따라 불렀어요. 애달프고 서글픈 심정을 수복이가 달려 주는 것 같았으니까요. 신문에는 레코드 광고가 실렸어요. '왕수복'이란 이름 석 자가 신문에 새겨졌지요.

수복이의 노래가 널리 알려지자 레코드 회사끼리 수복이를 데려가려고 경쟁을 벌였어요. 수복이는 '폴리돌'이란 레코드 회사와 다시 계약을 맺었어요. 그 회사에서 낸 레코드가 수복이를 대스타로 만들었지요. '고도의 정한'(외로운 섬에서 느끼는 한스러운 사랑)이 담긴 레코드가 120만 장이나 팔린 거예요. 갑자기 몰아닥친 행운에 수복이는 얼떨떨했어요.

인기투표 1위, 10대 가수왕

1934년 새해가 밝았어요. 열여덟 살이 된 수복이는 달력을 바라보았지요. 숫자 '8'에 동그라미가 크게 그려져 있었어요. 1월 8일은 수복이가 경성방송국에서 노래를 부르는 날이에요. 방송은 조선을 넘어 일본까지 중계될 거예요. 조선 가수의 노래가 처음으로 일본에 전해지는 뜻깊은 날이지요.

수복이는 벌써 가슴이 떨렸어요. 한편에는 나라를 빼앗긴 서러움이 솟아올랐지요. 기생으로서 남정네들 앞에서 노래 부르는 것과 같을지 모른다고 생각했으니까요. 하지만 수복이는 희망을 노래하고 싶었어요. 라디오를 듣는 조선 사람들에게 힘을 주고 싶었어요.

1월 8일, 수복이는 마이크 앞에 섰어요. 사회자는 수복이를 '유행가의 여왕'이라고 소개했지요. 수복이는 목소리를 가다듬으며 다짐했어요.

'조선 민족의 노래 실력을 확실히 보여 주자.'

철석 날 떠나던 배 소식 없더니
바닷가 저쪽에는 돌아오는 배
뱃사공 노랫소리 가까웁건만
한번 간 그 옛 님은 소식 없구나

어린 맘 머리 풀어 맹세하든 일
새악씨 가슴속에 맺히었건만
잔잔한 파도 소리 님의 노랫가
잠드는 바다의 밤 쓸쓸도 하다.

- 〈고도의 정한〉

'고도의 정한'은 칠석날 견우와 직녀가 헤어져 만나지 못한 슬픔을 표현했어요. 헤어진 임에게는 소식이 없고 파도 소리만 들릴 뿐이죠. 바다는 쓸쓸하게 잠들어 있어요. 노랫말은 나라를 빼앗긴 조선 민족의 슬픔을 비유한 거예요.

수복이는 외로운 섬에서 떠나간 임을 기다리는 심정을 절절하게 노래했어요. 그러나 절망에 머무르지 않았어요. 옥구슬 굴러가는 듯 맑고 아름다운 목소리로 희망을 노래했지요. 언젠가 떠나간 임을 돌아온다고, 빼앗긴 조국을 다시 찾을 수 있다고 말이에요.

노래가 끝나자 객석에서 박수갈채가 쏟아졌어요. 라디오를 들은 사람들도 손뼉을 쳤지요. 일본 사람들 반응도 엄청났어요. 대성공이었죠. 수복이는 벅차오르는 감정을 가눌 수가 없었어요.

유명해진 수복이는 요릿집이 아니라 무대에 올라가 노래를 했어요. 하지만 유명해지는 만큼 비난도 커졌지요. 기생 출신이기 때문이었죠. 노래는 잘하지만 얼굴에 곰보가 많아 못생겼다는 소문도 났어요.

수복이는 헛소문에 일일이 반응하지 않았어요. 그럴수록 마음을 더 넓게 가져야겠다고 생각했어요. 수복이에게 중요한 건 노래이기 때문이었죠.

어느 날, 공연을 마치고 집으로 돌아온 수복이는 깜짝 놀랐어요. 방 안에 편지가 가득 쌓여 있었거든요. 그 편지는 수복이를 좋아하는 팬들이 보낸 것이었어요. 수복이는 편지를 하나하나 읽었어요. 모두 수복이의 노래와 목소리를 칭찬하는 글이었어요. 그중에 가수가 되고 싶은 아이들의 사연도 있었어요. 수복이는 옛 생각이 났어요.

'어릴 적 평양에서 어머니와 살던 때가 생각나네. 그땐 정말 힘들고 어려웠는데. 가수가 되고 싶었지만 이렇게 빨리 유명해질 줄 몰랐어. 다 어머니 덕분이야.'

수복이는 어머니의 얼굴을 떠올렸어요. 당장 평양 집에 달려가고 싶었지요. 그러나 그럴 수가 없었어요. 레코드 회사에서 원하는 대로 날마다 노래를 불러야 하니까요. 때로는 기생으로서 요릿집에 가야 했고요.

유명한 사람이 된다는 게 줄곧 좋은 게 아니었어요. 평소보다 말과 행동을 조심해야 하고, 하고 싶은 걸 마음껏 할 수 없으니까요. 그래도 수복이는 행복하다고 생각했어요. 여성으로서 하고 싶은 일을 하기 때문이었죠.

수복이가 열아홉 살이 되던 해였어요. 〈삼천리〉라는 잡지의 기자가 수복이를 인터뷰하러 찾아왔어요. 기자가 수복이에게 물었어요.

"앞으로 수복 양 인생에서 가장 기쁠 때는 언제가 될까요?"

수복이는 잠깐 생각에 잠겼어요. 생각이 정리되자 입을 뗐어요.

"기생이란 직업을 그만두게 될 때요."

기자는 고개를 갸웃거렸어요.

"기생이 되었기 때문에 가수로 유명해진 것 아닌가요?"

"틀린 말은 아니에요. 하지만 저는 남의 노리개가 되고 싶지 않아요. 음악을 더 공부해서 사람들에게 좋은 노래를 불러드리고 싶어요. 그게 제 일생의 소원이에요."

"그렇군요. 아 참, 아주 기쁜 소식이 있는데요."

기자는 가방에서 〈삼천리〉 잡지를 꺼냈어요. 그러고는 왕수복이란 이름 석 자가 크게 인쇄된 쪽을 펼쳤지요.

레코드 가수 인기투표		
여가수 입선 순위		
1위	왕수복	1,903표
2위	선우일선	1,166표
3위	이난영	873표
4위	전옥	387표
5위	김복희	348표

수복이가 쟁쟁한 가수들을 물리치고 당당히 1위를 차지했어요. 기자는 손뼉을 치며 축하했어요. 수복이는 믿기지 않았어요. 자기 볼을 꼬집은 뒤에야 꿈이 아니라고 깨달았죠. 기자는 "가수왕 왕수복!"이라며 수복이를 추켜세웠어요. 수복이의 눈길은 잡지에서 떠나지 않았어요. 이 순간이 계속되면 좋겠다고 생각했지요.

자유로운 진짜 가수

가수왕까지 되었으니 수복이를 찾는 사람이 더 많아졌어요. 수복이는 이름을 날리는 것뿐 아니라 돈도 많이 벌게 되었어요. 기생 일을 할 때와 비교하면 천지 차이였어요.

1935년이 거의 끝나갈 때쯤, 일선이는 수복이에게 편지를 건넸어요. 평양의 기생학교에서 온 편지였죠. 편지를 쭉 읽어 내려가던 수복이가 눈을 크게 떴어요.

이제부터 우리 기성권번(기생학교)에 속한 기생은 레코드 녹음을 할 수 없다.

편지를 함께 읽던 일선이는 한숨부터 내쉬었어요.

"기생학교에서 심통이 났나 봐요."

일선이가 잘 꿰뚫어 봤어요. 기생학교의 재주 많은 기생을 레코드 회사가 곶감 빼먹듯 데려가서 돈을 엄청나게 벌고 있으니까요. 인기투표 1위 왕수복, 2위 선우일선, 5위 김복희는 모두 평양 기생학교 출신이었어요. 일선이와 복희는 둘도 없는 친구 사이였죠.

게다가 김초월, 김연월, 최창선도 인기 많은 기생 가수였어요. 재주는 곰이 넘고 돈은 왕 서방이 가져간 셈이에요. 결국 기생학교는 뛰어난 기생들을 더 빼앗길 수 없다고 선포한 거죠.

일선이가 수복이에게 푸념하듯 말했어요.

"기생이 아니라 레코드 가수만 되면 좋았을 걸요."

일선이는 기생이 된 걸 후회했어요. 언젠가 초월이에게 들었던 말을 털어놓았지요.

"초월이는 기생이 된 다음 부모님과 절교했대요. 초월이 아버지 어머니가 초월이를 보지 않겠다고 해서요. 양반 집안에 광대가 났다며 창피하다고 했대요."

일선이 눈에 눈물이 그렁그렁 맺혔어요. 수복이는 일선이를 다독여 주었지요.

"언니는 어떻게 할 거예요?"

기생을 그만두는 것, 항상 해 온 생각이지만 막상 닥치니 선뜻 결정할 수 없었어요. 수복이는 대답을 못 했지요.

"저는 노래만 하고 싶어요. 노래를 하지 못하면 그냥 가정을 꾸릴래요."

수복이는 언젠가 일선이가 했던 말이 떠올랐어요. 새벽까지 요릿집에서 노래를 부르고 춤을 춘 날, 지칠 대로 지친 일선이가 내뱉은 말이었지요.

"이젠 지긋지긋해요."

이 말과 함께 지난 7년의 기생 생활이 영화처럼 스쳐 갔어요. 기생학교에 들어가겠다고 마음먹은 열두 살, 기생학교에서 3년 동안 춤과 노래와 서화를 배우던 시절, 창가 선생님의 보조로 일하던 때, 요릿집에서 노래 부르고 춤추던 시절, 갑자기 레코드 가수가 된 열일곱 살, 방송국에서 '고도의 정한'을 부르던 열여덟 살, 가수왕이 된 열아홉 살 지금.

'스무 살이 되면 난 무얼 하고 있을까?'

수복이는 미래의 모습을 떠올려 봤어요. 요릿집에서 노래 부르는 기생, 기생을 그만두고 무대에 오르는 레코드 가수. 수복이는 모두 고개를 저었어요.

'기생은 권번에 속하고, 레코드 가수는 레코드 회사에 속하잖아. 그럼 자유가 있을까?'

자유는 한 번도 생각해 본 적이 없었어요. 그동안 학교 다니고 싶은 꿈, 가수 되고 싶은 꿈만 있었지 자유로워지고 싶은 꿈은 없었거든요. 수복이는 결심했어요.

"일선아, 난 기생도 레코드 가수도 그만둘 거야."

"다 그만둔다고요?"

일선이가 걱정스러운 표정을 지었어요. 그러나 수복이의 눈은 반짝거렸어요.

"응, 난 자유로운 진짜 가수가 될 거야."

"진짜 가수라니요?"

"외국에 가서 성악 공부를 하고 싶어. 우리 조선 노래를 세계에 널리 알리고 싶어. 무용가 최승희 씨처럼 말이야."

수복이의 결심은 차돌처럼 단단했어요. 마침내 수복이는 평양으로 향했어요. 기생학교에 가서 "기적(기생으로 등록된 문서)을 정리하겠습니다." 하고 당차게 말했지요. 수복이는 어머니가 있는 집으로 돌아가면서 어린 시절 일했던 유치원을 찾아갔어요. 유치원은 옛 모습 그대로였어요.

수복이는 뒤뜰에 서서 눈을 감았어요. 아프고 힘든 사람들을 노래로 위로해 주고 싶다고 생각한 곳. 어디선가 풍금 소리가 들려 왔어요. 수복이는 닫았던 입을 열었어요. 우렁차고 씩씩한 노래가 뒤뜰에 울려 퍼졌어요. 행복 가득한 노래가 바람을 타고 너울너울 춤추기 시작했어요.

양춘가절 어화 가구나
희망 안고 벗들아
저 멀리 험난한 고개로
청춘 찾아 넘어가자
아침노을이 불타는 곳
봄 노래를 부르면서
어여차 어야 하 넘어가잔다.

　　　　　　　　　　－〈청춘을 찾아서〉

조선의 여배우, 이월화

_김보경 글

이월화는 이렇게 살았어요~

이월화는 1905년에 서울 종로구 창성동에서 태어났어요. 진명여학교에 다닐 때부터 영화에 빠져 혼자 거울을 보며 연기 연습을 했지요. 열여섯 살 때, 연극에 참여하게 되면서, 이화학당을 그만 두고 본격적으로 여배우 활동을 시작했어요. 영화 〈월하의 맹세〉, 〈해의 비곡〉의 여주인공을 맡아 스타덤에 올랐지요. 그러다가 〈운영전〉에서 여주인공을 신인에게 빼앗긴 뒤 독자적인 배우 생활을 시작했어요. 나중에는 '오양단' 단원이 되어 연기를 이어 갔습니다.

내 별명은 말괄량이

"정숙아, 학교에서 얌전히 공부만 해야 한다. 안 그러면 경을 칠 줄 알아?"

책보를 든 정숙이가 고무신을 신을 때였어요. 쪽마루에 서 있던 어머니가 으름장을 놓았어요. 쪽진 머리, 한복 차림의 어머니는 무척 고왔어요. 하지만 목소리에는 찬바람이 쌩쌩 불었지요.

어머니는 한때 기생이었어요. 기생은 원래 궁중에서 왕을, 궁 밖에서는 양반 귀족을 상대했어요. 그러다 왕과 양반이 사라지자, 술과 음식을 파는 명월관이나 극장에서 춤을 추었어요. 가야금, 거문고를 연주하고 노래도 불렀지요.

어머니는 서른 살이 되었을 때 기생을 그만두었지만 여전히 사람들에게 손가락질 받았지요. 그래서 어머니는 정숙이가 기생의 딸이라는 소리를 듣지 않도록 주의를 주는 거예요.

어휴, 또 시작이네.

"네."

정숙이는 건성으로 대답을 하고는 얼른 대문을 나섰어요. 정숙이는 '얌전히'라는 말만 들어도 가슴이 답답해 왔어요. 평소 남자아이들과 어울려 뛰어놀 만큼 말괄량이거든요.

정숙이는 보통학교를 향해 발걸음을 재촉했어요. 오늘 짝꿍 연희가 재미있는 책을 가지고 온다고 했거든요. 교실로 들어서니, 연희는 벌써 자리에 앉아 있었어요. 정숙이가 자리에 앉자 연희가 동화책을 꺼냈어요.

"아버지가 생일선물로 사 주신 안데르센 동화야."

책 표지에는 인자한 얼굴의 아저씨가 한 손에 펜을 들고 있었어요. 그리고 다른 손 위에 놓인 오리 한 마리를 바라보고 있고요.

"와, 정말 재미있을 것 같다."

정숙이는 책장을 한 장 한 장 넘겼어요. 첫 번째 목차가 눈에 띄었어요.

"미운 오리 새끼?"

정숙이는 '미운 오리 새끼'를 읽기 시작했어요. 점점 이야기에 빠져들면서 정숙이는 미운 오리 새끼가 되었어요. 다른 동물들이 미운 오리 새끼를 놀리는 장면이 나오자, 정숙이는 주먹을 꼭 쥐고 다부진 목소리로 말했어요.

"나는 미운 오리가 아니야. 난 특별한 오리라고!"

연희가 터져 나오는 웃음을 참으려 입을 막았어요. 그때 누군가 정숙이의 댕기 머리를 확 잡아당기는 게 아니겠어요. 급장 동규였어요.

"야, 새끼 기생! 좀 조용히 못 해!"

정숙이의 눈이 사나워졌어요.

"뭐, 새끼 기생?"

자리에서 벌떡 일어난 정숙이는 동규를 세게 밀어 버렸어요. 그 바람에 동규는 바닥에 나동그라졌지요. 그때 어느 결에 들어왔는지, 선생님이 눈을 부라리며 소리치는 게 아니겠어요.

"말괄량이 이정숙, 뒤로 가서 손들고 서 있어!"

정숙이는 동규가 먼저 시비를 걸었다고 말했어요. 하지만 선생님한테 그런 말은 통하지 않았어요. 오히려 말대꾸한다고 더 혼만 났지요.

교실 뒤로 걸어간 정숙이는 손을 들며 구시렁거렸어요.

'어유, 하필이면 그때 선생님이 들어오실 게 뭐람.'

대문을 열고 들어가자마자, 어머니가 정숙이를 다그쳤어요.

"정숙아, 너 또 말썽을 피웠다며?"

옆집 사는 나팔수가 또 온 동네를 돌며 떠들고 다닌 모양이에요.

"아이고, 기생 어미의 기생 딸이라고 동네 여편네들이 얼마나 쑥덕거릴고!"

정숙이 어머니는 정숙이의 등짝을 세게 내리쳤어요. 눈물이 찔끔 나올 만큼 아팠지만, 정숙이는 입술을 꽉 깨물었어요.

이번에는 정숙 어머니가 호통을 쳤어요.
"앞으로 또 말썽을 피웠다간 다리몽댕이 부러질 줄 알아, 알았어?"
"… 네."
정숙이는 기어들어가는 목소리로 대답을 했지만 속으로는 이렇게 생각했지요.
'두고 보세요, 어머니. 저는 미운 오리처럼 하늘을 훨훨 나는 백조가 될 거예요!'

활동사진이 미치도록 좋아

진명여학교 정문을 나선 정숙이는 발걸음을 재촉했어요. 단짝 숙희의 손을 잡아끌면서 말이에요.
발맞추어 가던 숙희가 정숙이에게 물었어요.
"정숙아, 어디 가는데?"
"그냥 따라 오면 알아."
평소대로라면 정숙이는 경복궁 건너편에 있는 창성동 집으로 향했을 거예요. 하지만 오늘은 종로통으로 갔어요. 한 동네 사는 수철이 오빠를 만나러 가는 거예요. 수철이 오빠가 단성사에서 일하는 터라, 구경을 가는 거지요. 진명여학교에서 종로통 단성사는 그리 멀지 않거든요.

　단성사는 3층짜리 벽돌 건물이에요. 관객이 육백팔십 명 정도 들어갈 수 있는 큰 극장이에요. 안으로 들어가면 1층에 스크린과 좌석이 있고, 2층은 측면 계단으로 올라갈 수 있지요. 초창기 남녀 좌석이 분리돼 있었는데 2층은 '부인석'으로 지정돼 있었지요.

　그리고 탁구대와 당구대, 화장실도 있고, 차를 마시며 이야기하는 끽다실, 담배와 주전부리를 살 수 있는 매품부, 흡연자를 위한 끽연실이 있었어요.

　단성사에서는 외국에서 들어온 활동사진 〈부활〉을 상영하고 있었어요. 매표소 앞에는 활동사진을 구경하러 온 손님들이 바글바글 했지요. 대부분 돈과 시간이 많은 기생들이고 나머지는 일반인들이었어요. 모두들 활동사진을 본다는 기대에 들떠 있었어요.

　수철이 오빠는 광고판을 가슴에 걸고 활동사진 광고를 했어요.

　"자, 오세요, 오세요! 눈물 없이 볼 수 없는 카추샤와 도련님의 애끓는 사랑 이야기! 지금 놓치면 후회합니다!"

　정숙이는 손을 흔들며 오빠에게 다가갔어요.

　"수철이 오라버니!"

"어, 정숙이 학교 파했구나."

정숙이가 숙희를 소개하자, 수철 오빠는 고개를 끄덕이며 인사를 했어요. 흰 저고리에 검정 치마를 입은 숙희는 정숙이보다 훨씬 성숙해 보였거든요.

"오라버니, 우리 활동사진 좀 구경시켜 주세요. 네?"

"큰일 날 소리 하지 마. 네 어머니가 아시면 나 경친다."

당시 사람들은 학생이 극장에 가면 '불량 소년, 불량 소녀'라고 여겼어요. 가끔씩 경찰이 불량 소년소녀를 단속하러 극장에 오기도 했지요.

"아이 참. 몰래 보는데 어머니가 어떻게 알아요? 오라버니, 제발요 네?"

정숙이는 수철 오빠에게 매달렸어요. 망설이던 오빠가 주머니에서 뭔가를 꺼내 정숙이 손에 쥐여 줬어요. 금세 정숙이의 입이 헤벌쭉해졌어요.

"와, 표가 두 장이네. 오라버니 고마워요."

정숙이는 수철 오빠의 손을 잡고는 방방 뛰었어요. 머쓱해하던 오빠가 못을 박았어요.

"이번 한 번만이야. 여학생이 활동사진관에 들락거리면 못써."

"네, 알았어요."

활동사진은 움직이는 사진, 즉 지금의 영화를 가리키는 말이지요. 하지만 당시에는 음향, 효과음, 배경음악 등이 빠져 있었어요. 등장인물의 목소리를 들을 수 없는 무성영화였어요. 대신 변사가 스크린 앞 책상 앞에 앉아 등장인물의 대사를 전달했지요. 변사가 누구냐에 따라 흥행이 달려 있을 정도였어요.

조명이 꺼지자 활동사진이 나왔어요. 먼저 일본 각지의 풍경을 담은 다큐멘터리가 상영되었어요.

활동사진은 필름에 줄이 들어가 있어 비가 오는 것처럼 보였어요. 게다가 잘린 필름을 이어 놓아서 사람의 움직임이 어색했지요. 군데군데 필름이 튀기도 하고요.

다큐멘터리가 끝나자 서양 영화 '카츄샤'가 시작되었어요. 관객들은 활동사진에 완전히 빨려 들어갔어요. 정숙이도 카추샤에 집중했어요. 몸짓하나, 대사 하나도 빠뜨리지 않으려고 말이죠.

어느덧 마지막 장면에 이르자, 변사는 카추샤에 대해 짧게 설명해 주었어요.

"그리하여 희생적인 청년에 의해 결국 카추샤의 닫혔던 마음이 열리게 되었던 것이었습니다."

변사의 말이 끝나자, 이번에는 짤막한 코미디 영화가 관객들을 웃게 해주었어요. 이어 노동자가 근면하게 일해 성공한 일본 영화가 나왔어요. 마지막 장면에서 변사가 중요한 내용을 요약해 주자, 관객들이 환호의 박수를 보냈지요.

활동사진 구경이 끝나고 집으로 가는 길이었어요. 정숙이는 〈부활〉의 여주인공 카추샤 흉내를 냈어요.

"만지지 마세요! 저는 죄수고 당신은 공작이에요. 당신이 이런 곳에 찾아올 이유는 없어요!"

"아, 보기 싫어요. 그 안경도, 기름지고 밉살스런 얼굴도. 가세요, 가 버리세요!"

숙희가 정숙이의 연기를 보고 박수를 쳤어요.

"와, 어쩜 그렇게 연기를 잘 하니? 꼭 활동사진에서 나온 진짜 카츄샤 같다!"

"정말?"

"그렇다니까."

"나 활동사진이 미치도록 좋아. 나 여배우가 꼭 되고 싶어!"

정숙이는 기생의 딸이라는 꼬리표를 떼고 당당한 여배우가 되고 싶었던 거예요.

"그래, 정숙이 넌 할 수 있을 거야."

숙희가 정숙이에게 용기를 불어넣어 주었어요. 정숙이의 가슴이 마구 뛰었어요.

이번에는 정숙이가 숙희에게 물었어요.

"숙희야, 넌 뭐가 되고 싶어?"

"… 난 아직 잘 모르겠어."

"넌 공부를 가르쳐 주는 선생님이 좋다며?"

"하지만… 삼촌이 허락을 하셔야지. 그리고 삼촌 사업 준비하는 것을 도와야 해."

숙희는 삼촌 집에서 얹혀 사는 터라, 무슨 일이든 삼촌의 말에 따라야 했지요. 그런 사정을 알기에 정숙이는 아무 말도 하지 못했고요.

이화학당을 그만두고

"오늘은 꼭 단장님을 만나고 말 테야!"

이화학당 학생이 된 정숙이는 제법 어른 티가 났어요. 정숙이는 종로통으로 가려고 전차를 탔어요. 창 너머 지나다니는 사람들이 보였어요. 지게꾼, 소달구지를 끌고 가는 사람, 양산을 쓴 신여성과 맥고모자의 신사들, 자전거를 타고 한 손에 설렁탕을 들고 가는 사람.

'꼬르륵 꼬륵.'

정숙이의 뱃 속에서 소리가 나자 얼른 다른 곳으로 눈을 돌렸어요. 여배우가 되기로 결심한 뒤 정숙이는 밥은 굶어도 활동사진은 빼놓지 않고 봤어요. 모아 놓은 용돈이나 학용품 살 돈을 쓰기도 했지요. 그리고 날마다 거울을 보며 연기 연습을 했어요.

그렇게 몇 해가 지난 뒤 극장에 갔다가 수철 오빠에게 연극을 하는 '신극좌'에 대해 알게 되었어요. 그때부터 '신극좌' 단장님을 소개시켜 달라고 졸랐지요.

"수철 오라버니, 저 배우가 되고 싶어요!"

"김 단장님을 만나게 해 주세요!"

한 달간 수철이 오빠를 조른 끝에 결국 소개를 받기로 한 거예요.

단성사에서 활동연쇄극 〈의리적 구투〉 공연을 시작했거든요. 연극을 하다가 무대에서 보여주기 힘든 장면은 활동사진으로 보여주는 것이 활동연쇄극이지요. 사람들이 몰려들어 공연이 저녁부터 대성공하자, 한 달 간 장기 공연을 하게 되었지요. 최초의 활동연쇄극 〈의리적 구투〉는 죽은 아버지의 유산을 차지하려는 계모를 쫓아내는 형제의 이야기예요.

전차가 종로통에 다다르자 정숙이는 전차에서 내렸어요. 그리고 수철이 오빠를 따라 극장 안으로 들어갔어요. 사무실로 들어가니 김 단장님은 소파에 앉아 있었어요. 중절모에다 까만 테의 동그란 안경을 쓴 분이었어요.

수철이 오빠가 정숙이를 소개했어요.

"단장님, 얘가 제가 말씀드렸던 정숙이에요."

정숙이는 단장님에게 허리 굽혀 인사를 했어요.

"안녕하세요? 이정숙이라고 합니다."

김 단장님은 안경을 치켜 올리더니 정숙이를 가만히 살피며 말했어요.

"그래, 네가 정숙이구나. 그럼 어디 한번 연기력 좀 볼까?"

정숙이는 떨리는 가슴을 내리눌렀어요. 그리고 생각했어요.

'이정숙, 긴장할 거 없어. 넌 잘 할 수 있어. 그러니까 침착하게 네 평소 실력을 보여주면 되는 거야.'

정숙이는 부활의 여주인공 카추샤의 연기를 흉내 냈어요.

"만지지 마세요! 저는 죄수고 당신은 공작이에요. 당신이 이런 곳에 찾아올 이유는 없어요!"

"당신은 나를 미끼삼아 구원을 받으려는 거죠? 아, 보기 싫어요. 그 안경도, 기름지고 밉살스런 얼굴도. 가세요, 가 버리세요!"

연기에 빠진 정숙이의 눈에서 광채가 났어요. 생각에 잠겼던 단장님이 입을 떼었어요.

"음, 연기력은 아직 미숙한 면이 많지만, 눈빛이 살아 있어. 좋아, 함께 일해 보자."

"저, 정말요? 고맙습니다, 열심히 하겠습니다!"

단장님은 정숙이의 등을 두드려 주었어요. 정숙이는 당장 무대에 선 것처럼 가슴이 마구 벌렁댔어요.

그 뒤부터 정숙이는 그곳에서 허드렛일을 했어요. 수업이 끝나고 늦은 저녁까지 청소와 빨래를 하느라 고생이 이만저만 아니었지요. 그때마다 정숙이는 무대에 선 자신의 모습을 상상하며 마음을 달랬어요.

당시 일본 전통극인 가부키를 계승한 극을 우리나라 식으로 만든 신파극이 유행했어요. 눈물이 나올 만큼 슬픈 극이에요. 〈춘향전〉이나 〈장한몽〉에서 여주인공 역을 예쁘장한 남자 배우가 맡곤 했지요. 그 때문에 관객들의 불만이 날로 높아져 갔어요.

"홀애비 연극은 보기 싫다. 실제 여자를 데려다 시켜라."
"야, 여자가 발이 꽤 대자다. 꼭 소도둑놈 발 같다!"

정숙이의 연기가 한창 물이 오를 즈음이었어요. 평소 몸이 안 좋았던 김단장 님이 갑자기 쓰러진 거예요. 결국 극단은 문을 닫고 말았어요.

하지만 정숙이는 연극을 포기 하지 않았어요. 여성들로 이루어진 '여명극단'을 만들어 연극 무대에서 온몸으로 연기를 했어요.

그러던 어느 날 정숙이에게 기회가 찾아왔어요. 젊고 유능한 윤 감독님에게 연기력을 인정받아, '월화'라는 이름을 얻은 거예요. 그리고 연극 〈운명〉에서 여주인공 박메리 역을 맡게 되었지요. 연극 〈운명〉은 아버지의 강요로 하와이 술주정꾼과 결혼한 박메리가 자신이 사랑하는 사람에게로 돌아가는 이야기예요. 이화학당을 다니던 이월화에게 신여성 박메리는 딱 어울리는 역할이었어요.

월화는 밤낮없이 연습에 매달리느라 이화학당을 자주 빠졌어요. 그 바람에 낙제점을 받았지요.

"낙제 점수 받은 걸 어머니가 아시면 날벼락을 맞을 텐데. 그렇다고 연습을 쉴 수는 없고…."

고민하던 월화는 결국 이화학당을 그만두기로 마음을 먹었어요.

여주인공이라고?

얼마 안 되어서, 학당에서 월화가 자퇴했다는 통보가 날아왔어요. 편지를 손에 든 어머니가 월화 방으로 들어왔어요.

"정숙아, 대체 이게 어떻게 된 거냐? 네가 학당을 그만두다니. 학당에서 뭔가 착각을 한 게지, 그렇지?"

얼굴이 굳어진 월화가 망설이다가 겨우 입을 열었어요.

"어, 어머니… 저 학당 자퇴한 거 맞아요."

"뭐, 학당을 자퇴해? 어미가 널 학당에 보내려고 삯바느질을 하며 얼마나 고생하는데, 네가 어미 가슴에 대못을 박아?"

"어머니, 죄송해요. 저는 꼭 유명한 여배우가 되고 싶어요."

"어미가 기생 출신인 것도 모자라서, 이화학당까지 다니던 니가 그 따위 짓을 해! 내 눈에 흙이 들어가도 절대 안 돼!"

정숙이 어머니는 정숙이를 방 안에 가두었어요. 하지만 정숙이는 한밤중에 창문으로 몰래 도망쳤지요. 편지 한 장을 남기고 말이에요.

어머니, 보세요.

어머니의 뜻을 어겨서 죄송해요. 하지만 저는 이제 하루라도 연기를 안 하고는 숨을 쉴 수가 없어요. 어머니, 저는 꼭 여배우가 되고 싶어요. 유명한 여배우가 되어서 어머니를 편하게 모실 게요. 그때까지 건강하세요.

불효녀 이정숙 올림.

집을 나온 월화는 민중극단에서 기숙하며 〈운명〉의 여주인공 박메리 역에 몰두했어요. 하루가 모자랄 정도로 연습에 연습을 거듭했지요.

 드디어 공연 날, 월화는 분장실에서 먹으로 눈썹을 그리고 얼굴에 분을 발랐어요. 굽실굽실 파마머리에 양장 차림도 했고요. 공연 후, 관객석에서 우레와 같은 박수가 터져 나왔어요. 이월화가 여배우로 첫 발을 내디딘 〈운명〉은 대성공이었어요.

 얼마 지나지 않았을 때였어요. 마침내 체신국이 제작하는 최초의 영화 〈월하의 맹세〉에서 여주인공을 맡게 되었지요. 결혼자금을 마련하기 위해 노름에 빠진 영득의 약혼녀 정순이 역이었어요. 조선 최초의 여주인공이라는 소문이 나자 극장 앞에는 관객들이 꼬리에 꼬리를 물었어요.

 당시 활동사진 입장료는 1원 50전이었어요. 설렁탕 네 그릇 값이었지요. 그런데도 구경꾼들이 밀물처럼 밀려들어 자리를 빽빽이 채웠어요. 활동사진이 시작되자, 사람들은 쥐죽은 듯 숨을 죽이며 활동사진에 빠져들었어요.

 "영득 씨, 제발 이제 노름에서 손을 떼셔야 해요. 계속 노름을 하다간 영득 씨는 정말 폐인이 되고 말 거예요!"

 "이번 딱 한번만 하면 잃었던 돈을 몽땅 찾을 거예요. 내 자신이 있으니까 염려하지 말아요. 정순 씨."

 "의사 선생님, 영득 씨를 살려 주세요! 제 목숨과 바꾸라면 바꿀게요. 제발 영득 씨를 살려 주세요!"

"정순 씨, 고마워요. 당신이 나를 살린 거예요. 앞으로 우리 결혼해서 행복하게 오래오래 살아요."

활동사진이 끝나자, 관객들은 극장이 떠내려갈 듯 박수를 치며 '이월화'를 외쳤어요. 이 영화의 성공으로 이월화는 조선 최초의 여배우로 활동하게 되었지요.

그 뒤 월화는 동경 유학생 출신이 만든 '토월회'에서 여주인공 제안을 받았어요. 그곳에서 〈부활〉 카추샤 역할로 인기를 얻었지요. 감옥에서 생활하는 카추샤의 연기는 일품이라는 칭송을 들었거든요. 이어 〈산송장〉, 〈하이델베르크〉, 〈칼멘〉에 주연으로 출연하게 되었고요.

어느 날 갑자기

월화의 인기가 날로 치솟던 어느 날이었어요. 월화의 어머니가 극장으로 찾아왔어요.

막무가내로 박 감독을 만나겠다는 어머니를 월화는 말렸어요.

"어머니, 집에 가요. 집에 가서 자세히 말씀드릴게요."

하지만 어머니는 월화의 말에는 아랑곳하지 않았어요.

"박 감독이 누구야? 당장 나와!"

그때 이마가 넓고 짙은 눈썹에 잘 생긴 사내가 나타났어요.

"… 제가 박 감독입니다."

월화 어머니는 감독에게 삿대질을 하며 말했어요.

"당신이 남의 집 귀한 여식의 앞날을 망쳐 놔? 이화학당에 멀쩡히 다니던 여식을 말이야!"

"월화 어머니, 월화가 어엿한 여배우가 됐는데, 왜 인생을 망칩니까?"

"허, 여배우? 그럼 여기서 담판을 짓읍시다. 당신이 월화하고 혼인을 하든지, 아니면 출연료로 집 한 채 값 주든지."

월화 어머니의 요구에 난처해진 박 감독은 어쩔 줄을 몰라했어요. 지켜보던 월화가 어머니를 잡아 끌었어요.

"어머니, 그만 하세요. 제가 집으로 돌아가면 되잖아요!"

하지만 어머니는 좀체 일어서려고 하지 않았어요. 하는 수 없이 월화는 박 감독에게 인사를 했어요.

"감독님, 폐를 끼쳐 정말 죄송합니다…. 흑흑흑."

월화는 울면서 극장을 뛰쳐 나갔어요. 그제야 월화 어머니가 그 뒤를 따라 나섰지요.

집으로 돌아온 월화는 이불을 뒤집어 쓴 채 누워 있었어요.

다음 날 오후, 숙희가 월화의 집으로 찾아왔어요.

"월화야, 기운 내. 네 어머니도 너를 생각해서서 그러신 거잖아."

"박 감독님은 내 연기력을 인정하고 오랫동안 꿈꾸던 카추샤 역을 맡기신 분이야. 그런데 어머니는 내 인생을 망쳤다며 윽박질렀으니… 이제 박 감독님하고는 영영 끝이라고."

"월화야, 힘을 내서 다시 시작해. 외국 여배우들도 갖은 고생과 어려움을 극복하고야 유명 배우가 됐다고 하더라. 너도 그런 과정을 거치는 거라 생각해."

"정말 그럴까?"

"그럼. 비가 온 뒤에 땅이 더 굳어진다는 속담도 있잖아."

"숙희야, 고마워. 네가 있어서 참 다행이야."

월화는 숙희의 손을 꼭 잡았어요.

"참, 요즘도 삼촌 사업 돕고 있니?"

"응. 눈코 뜰 새 없이 바빠. 그래서 겨우 짬 내서 널 만나러 온 거야. 삼촌이 자리 비운 거 알면 혼구멍 낼 테니 빨리 가봐야겠어."

방을 나온 숙희는 허둥지둥 대문을 나섰어요. 정숙이는 그런 숙희가 마냥 안쓰러웠지요.

스타덤에 올라

월화는 다시 맹연습에 들어갔어요. 연기에 한창 몰두하던 어느 날이었어요. 조선키네마회사에서 최초의 영화 〈해의 비곡〉의 여주인공을 맡아 달라는 제안이 들어왔어요. 월화는 당장 짐을 싸서 어머니 몰래 집을 나왔어요. 그리고 부산으로 내려갔지요.

〈해의 비곡〉은 창수라는 청년과 나무꾼 손녀의 비극적인 사랑 이야기예요. 여기서 월화는 1인 2역을 해냈지요. 나무꾼의 딸과 손녀 역할이에요. 〈해의 비곡〉의 성공으로 월화는 대중의 인기를 한몸에 받았어요. 이른바 스타덤에 오른 거예요.

꽃다발을 들고온 숙희도 함께 기뻐해 주었지요. 다방에서 월화와 마주 앉은 숙희의 얼굴은 무척 야위어 있었어요.

가비(커피)를 한 잔 마신 월화가 먼저 입을 떼었어요.

"숙희야, 삼촌 사업 때문에 많이 힘드니? 얼굴색이 말이 아니네."

숙희가 멋쩍은지 얼굴을 쓰윽 어루만지다가 입을 열었어요.

"황 사장한테 돈을 많이 빌려다 벌인, 삼촌 사업이 점점 기울어 가고 있어. 그래서 걱정이 이만저만이 아니야."

"그렇구나."

"월화야, 나 어쩌면 황 사장님하고 혼인을 할지도 몰라."

"뭐? 황 사장과 혼인을 한다고? 삼촌이 그렇게 하래?"

"아니야. 나 그분 좋아해. 인상도 좋으시고 마음도 넓으시고….”

하지만 월화는 숙희의 눈가에 얼핏 비추는 물기를 놓치지 않았어요.

"숙희야, 네 인생의 주인은 너야. 아무리 삼촌에게 신세를 졌다 해도 절대 네 인생을 맡기면 안 돼, 응?"

숙희는 미소를 지은 채 아무 말도 하지 않았어요.

오양단 단원이 되어

다음 영화 〈운영전〉에서 월화는 여주인공으로 발탁되었어요. 월화는 숙희에게 전화를 걸어 이 소식을 알렸어요.

"숙희야, 나 운영전에서 여주인공 운영 역을 맡게 되었어."

"축하해. 월화야. 이번에도 대성공할 거야."

"고마워, 숙희야."

그런데 다음 날이었어요. 감독님이 여주인공을 이채전이라는 신인 배우로 바꾸었다는 소문이 극장에 파다했어요. 월화는 하늘이 무너지는 것만 같았어요. 하지만 정신을 똑바로 차리고 감독님이 묵고 있는 숙소로 찾아갔어요.

숙소의 문을 연 감독이 난처한 표정을 지었어요. 이내 침착한 목소리로 말했어요.

"마침 잘 왔네. 그렇지 않아도 자네한테 할 말이 있던 참이었는데."

"여주인공이 이채전으로 바뀌었다는 말씀인가요?"

"허허, 자네도 알고 있었구만."

"감독님, 선배 배우인 제가 왜 신인 배우 이채전한테 밀린 건가요? 이채전이 감독님하고 친하기 때문인가요?"

"자네보다 이채전이 주인공 운영 역에 더 어울리기 때문이네. 그러니 오해는 하지 말게."

"감독님, 저도 어엿한 여배우인데, 여배우로서 대우를 해줘야 하는 거 아닌가요? 하루아침에 감독님 마음대로 여주인공을 바꾸는 게 어디 있습니까!"

당시 여배우는 남자들의 노리개라는 말이 사람들 사이에 오갔어요. 여배우를 직업여성으로 인정하지 않고 남자들의 눈요깃감이나 장난감처럼 여긴다는 뜻이었지요. 그래서 연기력보다 감독이 자기 마음에 드는 여배우에게 역할을 맡기기 일쑤였어요.

그날 월화는 짐을 챙겨 서울로 돌아왔어요. 독자적인 배우 생활을 시작한 거예요. 돌아오자마자 월화는 숙희네 집을 찾아갔어요. 그런데 숙희 삼촌은 숙희를 만나지 못하게 했어요. 삼촌 집에서 더부살이를 하던 숙희는 삼촌에게 떠밀려 황 사장과 결혼을 하게 된 거예요.

"이제 숙희마저 내 곁을 떠나는구나…."

월화는 마음 한켠이 뻥 뚫린 것처럼 허전했어요. 아니 날개 한 쪽을 잃은 새가 된 기분이었지만 곧 마음을 추슬렀어요. 비록 만나지 못한다 해도 숙희는 언제나 월화를 응원할 테니까요.

얼마 뒤 월화는 영화 〈뿔 빠진 황소〉와 〈지나가의 비밀〉에 출연했어요. 하지만 주인공이 아닌 질투심 많고 포악한 성격의 계모 역할이었지요. 비록 악역이었지만 월화는 새로운 인물 연기에 도전했다는 것에 만족했어요.

그 후 월화는 여성으로 이루어진 '오양단'의 단원이 되었어요. 오양단은 지방을 돌아다니며 공연을 시작했어요.

기차에 자리잡은 월화는 창밖을 바라보았어요. 멀리 노을이 지는 산봉우리가 보였어요. 그 산봉우리 위를 한 마리 새가 힘차게 날갯짓하고 있었어요. 순간, 월화는 가슴이 세차게 뛰며 뜨거워지는 것을 느꼈어요.

"그래, 나도 저 새처럼 계속 힘차게 날아가는 거야. 누가 뭐래도 나는 조선 최초의 여배우니까!"

5

똑단발 아나운서, 이옥경

_박윤우 글

이옥경은 이렇게 살았어요~

1901년에 서울에서 태어났어요. 1916년 아버지가 돌아가신 후 인천고등여학교에서 공부했어요. 개국을 앞둔 경성방송국이 아나운서를 찾을 때 남편 노창성은 아내 이옥경을 추천했어요. 이옥경은 일본인 아나운서들을 물리치고 단독으로 방송을 진행할 만큼 열성을 다해 일했어요. 덕분에 청취자의 사랑도 듬뿍 받았지요. 그러나 불행하게도 한쪽 다리를 잃는 끔찍한 사고를 겪었어요. 태중에 있는 아이마저 잃게 될까 봐 아나운서를 그만둬야 했지요. 1982년 눈을 감을 때까지 줄곧 방송을 사랑했습니다.

똑단발 남장 소녀

한양에 처음 전기가 들어온 1901년에 옥경이 태어났어요. 옥경의 아버지 이학인은 한양에서 영어를 가장 잘하는 벼슬아치였어요. 과거에 급제한 후 앞으로 영어가 필요할 거라 생각해 성당 신부님에게서 영어를 배우고 스스로 익혔지요. 황태자(영친왕 이은)의 영어 개인 교사를 지내기도 했어요.

아버지는 늦은 나이에 옥경을 얻었어요. 사기 접시 다루듯 외동딸을 귀하게 여겼지만, 새 시대에 잘 적응하는 실력 있는 신여성이 되길 바랐어요. 당시 신여성은 잔뜩 겉멋만 부리고 진정한 실력은 갖추지 못한 경우가 많았거든요.

아버지는 인천의 세관장이 되어 가족을 이끌고 인천으로 갔어요. 어수선한 때라서 옥경의 집은 나라 걱정하는 사람들로 늘 분주했어요. 아버지가 동료들과 야학을 열어 가난한 학생들을 가르치기도 했기 때문이에요. 그러나 결국 조선은 일본에게 외교권이 빼앗기는 신세가 되고 말았어요. 야학 활동이 문제가 되어 아버지는 관직에서 물러나야 했어요. 일제의 탄압으로 생활도 어려워졌지요.

마침내 옥경의 가족은 일제의 감시를 피해 만주의 안동현으로 이사했어요. 안동현에는 아버지의 영국인 친구가 세관 일을 하고 있어서 일자리를 얻을 수 있었지요. 생활이 안정되자 아버지는 다시 옥경이 다닐 만한 학교를 알아보았어요.

그런데 만주에는 조선인이 다닐 수 있는 학교가 거의 없었어요. 아버지는 안동현 소학교를 찾아갔어요. 그 학교는 부유한 일본인 자녀들이 다니는 데라서 조선인은 입학하기 힘들었지요. 우여곡절 끝에 입학하게 된 옥경을 보면서 아버지가 말했어요.

"옥경아, 옛말에 '여자는 남자 뒤로 세 걸음 떨어져 걸어라.'는 말이 있단다. 하지만 지금은 절대로 그렇게 살아선 안 돼. 살아남기 위해선 남자보다 세 걸음 앞서 가야 한다. 알겠지?"

아버지는 굳은 표정이었어요. 어린 시절 다정하고 부드럽던 모습은 보이지 않았지요. 평소의 아버지 같지 않았지요. 안동현 소학교에 입학할 수 있게 되었지만, 조선인이라서 차별받을 것을 걱정한 거예요.

"아버지, 학교 가서 잘할게요."

"그래, 오늘부터 예쁘고 고운 것들은 잠시 묻어 두자꾸나."

옥경의 얼굴은 희고 동글동글했어요. 머리를 곱게 땋아 내리고 비단 댕기를 매면 귀한 아기씨 모습이었죠. 어머니는 옥경이 그런 모습으로 커서 좋은 곳으로 시집가면 좋겠다고 말하곤 했어요.

"여자라고 집안에 틀어박혀 지내란 법은 없다."

아버지는 어머니에게 옥경의 한복을 치우라고 했어요. 그러고는 칙칙하고 거친 남자 옷을 입히게 했어요.

"어딜 가려는 거유?"

"사진을 찍으려 하오."

"그런데 왜 남자 옷을 입혀요?"

"여자라고 남자한테 기대서 살 수만은 없소. 당신도 내가 없는 세월을 살아가려면 마음 단단히 먹어야 하오."

"왜 갑자기 그래요?"

어머니는 옥경이 남자처럼 하고 다니는 게 싫었어요.

"아직 어린 애가 세상을 알면 얼마나 알겠어요. 하나밖에 없는 딸한테 그렇게 칙칙한 옷을 입혀야겠어요? 옥경이 싫다고 하면 고운 옷 입힐 거예요."

"아니에요, 어머니. 저도 그런 옷 거추장스러워요. 제대로 공부하지 못하면 학교에서 쫓겨날지도 몰라요. 아이들이 탐탁지 않게 볼 거예요."

옥경은 소학교에서 자신이 얼마나 눈엣가시일지 생각해 보았어요. 자신을 아끼는 아버지의 뜻대로 자신을 감추는 게 나을 것 같았어요.

이발소에서 머리를 자르고 남자 옷을 입으니 예전의 귀엽고 동글동글하던 모습은 온데간데없이 사라졌어요. 초롱초롱한 눈빛만 남았지요. 옥경은 아버지와 단둘이 시내에 있는 사진관에 들어갔어요.

"어서 오십시오."

사진사는 양복 차림을 한 아버지와 옥경을 보더니, "부자가 꼭 닮으셨네요." 하고 한마디 했어요. 아버지가 손사래를 쳤어요.

"우리 딸이올시다. 남자애 못지않은 훌륭한 사람이 될 거요."

아버지는 콧수염을 쓰다듬으며 말했어요.

"아이쿠, 몰라 봐서 죄송합니다."

"요 앞, 안동현 소학교에 입학 허가를 받은 기념으로 사진 한 방 박으려 합니다."

"예. 참 기특한 따님이네요. 다른 아이들은 저 나이에 한창 자기 몸 꾸미느라 정신없는데 말이죠."

"나중에 꾸미면 되지요. 일본 놈들이 물러나고 나라가 안정되면요."

어린 옥경의 입에서 당찬 말이 나오자 사진사는 주위를 돌아보았어요. 안동현에도 일본인이 많이 살고 있고, 그들은 어디서나 주인 행세를 하고 있어 입조심해야 하거든요.

아버지는 복잡한 표정으로 딸을 바라보았어요. 걱정과 기대가 한데 섞인 표정이었어요.

"학교 가서 잘할 수 있겠지?"

옥경이 배시시 웃었어요.

"걱정 마세요. 잘할게요."

귀여운 목소리로 조곤조곤 말했지만 확신에 찬 말투였어요.

특별한 인연

"이번에도 이옥경이 학년 전체 1등이래."

"쟤는 남자야, 여자야?"

"조센징 주제에 못 하는 게 없어."

수군거리는 일본 아이들 틈에서 작은 라디오를 조립하던 남자 아이가 옥경을 빤히 쳐다보았어요.

"왜 잘하고 있는 아이를 놀리네? 찌질하게스리."

눈이 부리부리한 남자아이는 또래보다 나이가 많았어요. 그 아이는 노창성이라는 조선인이었어요. 창성은 옥경보다 세 살 많았어요. 일찍 부모를 잃고 고아가 되었지만, 한 일본인 여사장의 도움을 받아 뒤늦게 소학교를 다닐 수 있었어요. 큰 여관을 하는 사장은 허드렛일을 시킬 남자아이가 필요했어요. 기계나 도구를 잘 다루는 창성은 손재주가 뛰어났지요.

옥경은 소학교를 졸업할 때까지 단발을 하고 남자 옷을 입고 다녔기 때문에 또래 여자애들과 가깝게 지내지 못했어요. 조선인이라서 마음을 둘 친구도 없었어요. 창성은 소학교에서 만난 유일한 조선인이었어요. 창성은 옥경을 자랑스러워했고, 자신과 같이 외로운 처지라서 불쌍히 여겼어요.

창성은 시간 날 때마다 조그만 기계를 만지작거리며 지냈어요.

"이게 뭐야?"

옥경이 직육면체로 된 이상한 기계를 들여다보며 창성에게 물었어요.

"라디오."

"뭐에 쓰는 건데?"

"이 속에서 사람 목소리가 나와. 음악도 나오고, 세상 돌아가는 이야기도 나와."

"정말? 난생 처음 보는 물건인데."

"미국에서 들여온 거야."

"우리나라에서도 언젠가 쓸모가 있겠네."

"그래. 네 목소리가 여기서 들리면 좋겠다."

옥경은 자기 목소리가 라디오를 통해 나오면 어떨까 궁금했어요.

'남장 소녀 이옥경'은 안동현의 명물이었어요. 운동, 음악, 일본어, 영어, 테니스, 육상, 수영 등 다양한 과목을 다 잘하는 아이였어요. 병석에 누워 계시는 아버지를 보면서 옥경은 어머니와 살아남기 위해 배움을 게을리 할 수 없었어요.

아버지는 옥경이 열여섯 살 되던 해 돌아가셨어요. 옥경의 이야기 듣는 걸 가장 좋아했어요. 죽음을 앞둔 아버지는 옥경에게 당부했어요.

"옥경아, 세 걸음 앞서가라는 말 잊지 마라."

"예. 열심히 공부해서 일본 사람들에게 뒤쳐지지 않는 사람으로 살게요. 아프고 힘든 조선 사람들을 도우며 살아갈게요."

아버지에 대한 기억은 안동 소학교 신문에 실리게 되었어요. 졸업생 대표로 수필을 싣게 된 것이지요.

아버지는 내게 남자 옷을 입히고, 머리도 남자처럼 짧게 깎아 주셨다. 나는 여성의 운명에 주저앉지 말라는 뜻으로 알아들었다. 아버지의 말에 전적으로 동의한 것은 아니지만 외로운 시절을 감당하기로 다짐했다. 무슨 큰 뜻이 있었던 건 아니다. 내 앞에 펼쳐진 새로운 세상에 도전해 보고 싶었기 때문이다. 한번 해보는 거다. 재미있지 않을까? 그렇게 어려운 일일까? 나 혼자 열심히만 한다고 모든 것이 뜻대로 되는 건 아니지. 안 될 수도 있다. 안 되면 뭐 어떤가? 한번 해보는 거다.

옥경의 글은 씩씩했어요. 옥경은 졸업 후 일본의 미션스쿨에 입학해 일본어를 공부했어요. 그 학교를 졸업한 뒤에는 음악학교에 들어갈 생각이었지요. 소학교 동창 창성은 장학생으로 뽑혀 일본의 공업전문학교에 들어갔어요. 학교 신문에 옥경의 글이 실렸을 때 창성은 그 글을 품에 안고 일본으로 떠났어요. 홀로 외롭게 공부하면서 옥경의 글을 틈날 때마다 들여다보았지요. 어찌나 많이 봤는지 종이가 너덜너덜해질 지경이었어요.

음악학교 입학을 준비하던 어느 날, 어머니가 일본에 있는 옥경에게 찾아왔어요.

"옥경아, 세상에 달랑 너와 나뿐인데 이렇게 헤어져 살아야겠니?"

"음악학교를 졸업하면 인천에서 선생님으로 일할 수 있을 거예요."

"그때까지 언제 기다리느냐? 인천고등여학교를 졸업해도 선생님은 할 수 있단다. 어미가 있는 인천으로 가자."

"거긴 조선인 안 받잖아요."

"어떻게든 해보자꾸나. 네 실력을 알면 입학을 허락해 줄 거다."

인천고등여학교는 인천에 사는 일본인들이 가는 학교예요.

외국어 교육을 잘하는 곳이어서 일본 본토 사람들도 찾아오는 이름난 학교였지요.

"교장선생님, 우리 옥경이 입학을 허락해 주세요!"

어머니와 옥경은 매일 학교에 찾아가 교장선생님께 부탁했어요. 그러나 조선인이 일본인보다 질이 떨어진다는 편견을 갖고 있던 교장선생님은 번번히 거절했어요.

한 달이 넘도록 옥경과 어머니가 학교로 찾아가자, 그 정성에 감동했는지 일본인 교장은 결국 옥경에게 기회를 주게 되었어요. 일본어 실력을 보고 입학을 허락하겠다고 한 거예요. 옥경은 그동안 갈고 닦은 일본어 실력과 작문 실력을 보여 주었어요. 안동현 소학교를 졸업하면서 신문에 실렸던 글도 냈지요.

얼마 후 입학 허가서가 옥경네 집으로 날아왔어요. 어머니와 옥경은 뛸 듯이 기뻤어요.

"아버지, 저 인천고등여학교에 합격했어요! 훌륭한 음악가가 되겠어요. 엄마와 함께 부끄럽지 않은 딸이 될게요."

옥경은 공부뿐 아니라 마라톤, 테니스, 스케이팅 등 못 하는 게 없었어요. 여학교를 졸업하던 해 '꽃 중의 꽃'이라고 옥경을 소개하는 기사가 실릴 정도였어요. 경성제대(서울대학교 전신) 재학생이 혼인을 청해 오기도 했지요. 그런데 그보다 더 반가운 사람이 옥경을 찾아왔어요.

"옥경아, 나 알아보겠어?"

"누, 누구세요?"

옥경은 자신을 찾아온 남자의 눈을 보다가 깜짝 놀랐어요. 부리부리한 두 눈, 나지막하지만 힘 있는 목소리. 더욱 남자다워진 소학교 동창 노창성이었어요. 창성은 일본의 공업전문학교를 우등으로 졸업한 후 조선에 돌아와 체신부 직원이 되어 있었어요. 그리고 경성방송국 개국 일을 맡게 되었지요. 일본인이 아닌 조선인이 최초로 방송국 일을 하게 된 거예요.

어린 시절부터 라디오에 미쳐 있던 창성은 라디오를 만들 줄 알았어요. 또 고장 난 라디오를 수리하고 안테나를 설치해 주었지요. 라디오 상담소를 만들어서 라디오를 가지고 있는 사람들을 상대로 라디오에 대한 궁금증을 풀어 주기도 했어요.

조선에 라디오 방송국이 생길 당시 가장 좋은 라디오는 쌀 오십 가마니 값이었어요. 보통 사람이 라디오를 갖는다는 건 엄두도 못 내던 때였지요. 창성은 라디오를 보급하기 위해 강습회를 열었어요. 라디오를 싸게 만들 수 있는 방법을 가르치기도 했고요.

옥경은 창성의 사랑을 받아들여 그와 혼인했어요. 늘 라디오와 방송에 골몰해 있는 남편의 고민을 함께하다가 방송국에서 아나운서를 모집한다는 것을 알게 되었어요. 창성은 옥경에게 방송국 일을 해볼 생각이 없는지 물었어요. 옥경이야말로 아나운서가 되기에 적합한 인재란 걸 알아본 거예요.

줄 없는 전화

1924년 설립된 경성방송국은 3년 동안 시험 방송을 하면서 정식 개국 날을 기다렸어요. '전선 없는 전화기'라고도 불린 라디오는 경성 사람들에게 '놀라움' 그 자체였어요. 시험 방송을 들은 사람들은 사람 목소리가 나온다는 것이 신기했지만, 좀 더 재미있는 이야기가 나오길 바랐어요.

그런데 경성방송국은 조선총독부가 관리했어요. 총독부는 삼일 만세운동으로 한껏 나빠진 민심을 잡기 위해 물가 시세나 일기예보 같은 정보를 내보냈어요. 방송이 자리를 잡으면서 점점 다양한 프로그램을 만들었지요.

하지만 방송을 만드는 것과 전달하는 건 달랐어요. 사람들의 입맛에 맞는 부드러움이 있어야 했어요. 이런 역할을 깔끔하게 해낼 아나운서가 필요했던 거예요. 그것도 우리말과 일본말을 유창하게 할 수 있는 사람으로 말이죠.

방송국에서는 아나운서를 뽑는다는 공고를 냈어요. 아나운서로 적합한 사람을 추천받기도 했고요. 그러나 3년이 넘도록 마땅한 인물을 구할 수가 없었어요. 그러자 총독부는 몸이 달았어요.

"저… 추천하고 싶은 사람이 있습니다."

어느 날 직원회의 중에 기술부의 노창성이 입을 열었어요.

"그게 누군가?"

"방송 일을 해본 건 아니지만 잘할 것 같습니다."

"정말 하고 싶어 하는 사람이 아니면 견디기 힘들 텐데."

"책임감이 강하고 집중력이 대단합니다."

창성의 말에 방송국 간부들은 몸을 기울였어요. 방송의 꽃이라고 할 대표 아나운서를 뽑는 일이니 모두 기대할 수밖에 없었죠.

"그게 누군가?"

창성은 느리지만 또렷한 소리로 말했어요.

"제 아내 이옥경을 추천합니다."

"아내? 여자가 일을 하겠다고? 가정 있는 사람이 할 수 있는 일이 아닌 걸 자네도 알지 않나?"

아침부터 저녁까지 방송을 준비해야 하기 때문에 일하는 동안 집안 일 따위는 잊어야 하거든요. 게다가 그 당시 아나운서가 안정된 직업도 아니고요.

"알고 있어요. 하지만 방송국에도 뛰어난 사람이 들어와야 합니다."

"물론이지."

창성의 능력과 열정을 아는 간부들은 옥경을 만나 보기로 했어요. 일본인 아나운서와 함께 방송국 개국 때 사회를 봐야 하기 때문에 옥경은 마이크 앞에서 사회 보는 시험을 치렀어요. 그건 첫 번째 시험이었죠. 우리말과 일본말을 번갈아 시켜 보았더니 우리말은 물론이고 일본말도 유창했어요. 두 번째 시험은 우리의 전통 음악을 대본 없이 즉석에서 소개하는 거였어요. 옥경은 잘 알려지지 않은 아악을 자세히 소개했어요.

"지금 연주되는 것은 아악의 일종입니다. 아악 가사는 주로 한시에서 나왔어요. 보통 네 글자씩 이어 부르고 앞뒤 글자를 같은 궁으로 맞춥니다. 넓은 의미의 아악은 1911년 이후의 곡을 말하고 좁은 의미의 아악은 문묘 제례악을 말합니다. 아악이 우리나라에 수입된 것은 고려 시대입니다."

"오, 놀라운데요. 아악을 따로 배웠나요?"

"아니요. 음악에 관심이 많아 따로 찾아보았습니다."

옥경이 고개를 숙이고 살짝 웃었어요. 수줍어 보이는 미소였지요. 창성은 그게 자신감이라는 걸 알고 있었어요. 면접을 본 간부들은 크게 웃으며 만족해했어요.

웃음 가득한 얼굴, 경쾌한 걸음걸이. 옥경은 스물다섯 살 엄마로 머물기엔 아까운 인재였어요. 물론 노창성 정도의 남편이라면 집에서 귀부인처럼 지낼 수도 있었겠죠. 게다가 옥경의 특별한 점은 평범해 보이지 않는 짧은 머리, 곧 똑단발이었어요.

"방송국에 입사하면 무슨 일을 하고 싶은지 말해 보시오."

옥경은 곰곰이 생각해 보았어요. 남편이 가져온 라디오가 얼마나 많은 재미와 위로를 주는지 떠올려 보았지요. 옥경은 유창한 일본말로 되물었어요.

"방송으로 마음 아픈 사람을 고칠 수 있을까요?"

"물론이요."

"그렇다면 힘껏 해보겠습니다. 잘 부탁드립니다."

최초의 아나운서가 되다

1926년 7월 옥경은 조선인 최초의 아나운서로 경성방송국에서 일하게 되었어요. 음성 테스트를 끝낸 옥경은 남편과 손을 잡고 집으로 돌아갔어요. 세 발짝 뒤에서 남편을 따라가야 한다는 관습 따위는 아랑곳하지 않고 나란히 걸어갔지요.

옥경은 1926년 7월부터 시험 방송을 했어요. 이때 신문에 옥경에 대한 기사가 크게 났어요. '경이의 눈, 경이의 귀, 기적, 신비'라는 제목으로 옥경을 칭찬했어요. 옥경의 사진 밑에는 '줄 없는 전화에 넋을 잃은 군중'이라는 글도 쓰여 있었어요. 짧은 머리에 또랑또랑한 눈빛은 아나운서 이옥경의 상징이었어요.

시험 방송이 끝나자 옥경은 드디어 경성방송국 개국식 사회를 보았어요. 우리나라 최초로 방송 전파에 목소리를 실은 아나운서가 된 셈이었죠. 옥경은 꿈꾸던 일을 찾았다는 기쁨에 잠을 이룰 수가 없었어요.

"아버지, 마음이 아프고 힘든 사람들을 도와주는 일을 드디어 찾았어요. 방송이 그런 일이에요."

개국 방송은 일본인 마쓰나카와 옥경이 번갈아서 진행했어요. 마쓰나카는 줄곧 일본말로 방송했지만, 옥경은 우리말과 일본말을 번갈아 썼어요. 마쓰나카는 경력 많은 사람이었지만 눈이 나빠서 방송 원고를 제대로 읽지 못했어요. 거들먹거리고 적응력도 별로였어요. 실수를 하면 기술부에 책임을 떠넘기기도 했어요. 망신 주는 걸 즐기는 사람 같기도 했어요.

방송 가운데 가장 먼저 자리를 잡은 건 정오 방송이었어요. 정오 방송은 낮 12시를 알려주는 방송이죠. 아나운서들이 돌아가면서 하던 정오 방송은 경성 사람들의 귀를 쫑긋 세우게 만드는 중요한 방송이었어요. 왜냐하면 아나운서들이 정오를 알리는 순간 세종로의 소방서에서 사이렌을 울려 주기 때문이었죠.

경성방송국 대표 아나운서인 마쓰나카는 자리에 앉아 시계를 쳐다보았어요.

'열두 시.'

눈이 나쁜 마쓰나카는 대충 확인하고 종을 치고 "쩨 오 띡 케이(J.O.D.K)." 하고 방송국 부호를 외쳤어요. 마쓰나카가 차임벨을 때리자 그 소리에 맞춰 소방서 사이렌이 위이잉 울렸어요.

"경성호소교구와 쇼오고오 오지라세시마스. 땡땡땡!"

라디오에 귀를 기울이며 점심때를 기다리던 청취자들은 깜짝 놀랐어요. 고개를 돌려 보니 시계는 아직 12시가 안 되어 있었죠. 방송국에 항의 전화가 빗발쳤어요.

"방송국이 사람들 데리고 장난하는 게요?"

항의하러 방송국으로 달려온 사람들도 있었어요. 소방서에도 시간을 바로잡는 전화가 계속 들어왔어요. 그러나 마쓰나카는 사과하기는커녕 종을 친 건 기술부 직원들이라고 거짓말을 했어요. 화가 난 청취자들이 방송국으로 달려와 유리창을 부수었어요.

"거만한 일본인은 필요 없다. 이렇게 엉망으로 할 바엔 방송국을 없애라!"

방송국 직원들은 어찌할지 몰라 이리 뛰고 저리 뛰었어요. 마쓰나카는 사람들을 피해 도망쳐 버렸어요. 다음 날 마이크 앞에 선 아나운서는 옥경이었어요.

"쩨 오 띄 케이."

또렷하고 명랑한 목소리가 라디오에서 흘러나왔어요. 기술부 직원들이 실수로 마이크 전원을 내렸어요. 옥경은 침을 꼴깍 삼키며 짧은 머리를 쓸어내렸어요. 큐 사인이 올라가자 옥경은 얼른 마이크에 입을 대고 방송을 시작했어요.

"여기는 경성방송국이올시다. 정오를 알려드립니다."

옥경의 목소리는 조금 쉬라면서 힘을 북돋아 주는 것 같았어요.

"옥경 양, 좋아요. 종 울리고."

기술부 직원들이 만족스러운 미소를 지었어요. 정오 방송이 경성에 울려 퍼질 때 옥경은 그제야 잠시 쉴 수 있었어요. 새벽부터 시작된 일은 저녁 늦게까지 이어지고, 하루에도 몇 번씩 방송 사고가 나기 때문에 늘 긴장해야 했어요. 집에 두고 온 딸을 생각할 겨를도 없었지요. 하지만 옥경은 누구보다 열심히 뛰어다녔어요. 그래서 옥경의 방송 일은 자꾸자꾸 늘어났어요.

식사할 틈도 없이, 잠깐 앉아서 쉴 사이도 없이 온 종일 원고를 짜고 방송하는 일을 반복했어요.

아직 스튜디오에 방송 장비가 제대로 갖춰지지 않아 마이크 울림이 심했어요. 음악 소리에 벌레 날갯짓 소리가 끼어든 것 같았지요. 그래서 청취자들이 불만을 내뱉었어요. 마이크에 천을 씌워 보기도 하고 마이크에 입술을 바짝 대기도 했지만, 울림은 쉽게 잡히지 않았어요. 방음 장치가 없는 스튜디오가 큰 원인이었지요.

"소리가 지직거려서 들을 수가 있어야지. 목소리 또렷한 여자 아나운서로 다 바꿔요."

사람들은 불만을 터뜨리며 이옥경 아나운서를 찾았어요.

"언제쯤 제대로 된 방송을 할 거야? 날파리들을 키우는지 귀가 아파 죽겠네."

잡음 때문에 임시 직원회의를 하게 되었어요. 며칠을 고민했지만 뾰족한 해결책을 찾지 못했어요.

옥경은 집으로 돌아와서도 이리저리 궁리를 했어요. 그러더니 두꺼운 융 치마를 몇 개 이어 붙여 모기장처럼 만들고, 그 안에 들어가서 말을 해 보았어요. 울림이 거의 느껴지지 않았어요. 공기가 전혀 통하지 않는 융 치마였으니까요.

두꺼운 융 치마로 잡음과 마이크 울림을 동시에 잡을 수 있게 되었어요. 아나운서들은 마라톤 선수처럼 땀에 흠씬 젖어 방송을 마쳤지만, 청취자들의 불만은 눈 녹듯 사라졌지요.

음악 방송의 안주인

라디오는 사람들에게 인기 만점 매체였어요. 초반에는 총독부의 공지사항을 알리더니 나중에는 우리나라 사람들이 가장 좋아하는 음악을 내보냈어요. 춘향가, 심청가 같은 판소리와 서도민요, 궁중 아악까지 우리 고유의 음악을 들려주었지요. 사람들은 전통 음악을 들려주는 옥경에게서 향수와 정을 느낄 수 있었어요.

"오늘은 춘향가 중 옥중가 한 대목을 들려드리겠습니다. 변 사또의 수청 거절로 옥에 갇힌 춘향이가 이 도령을 그리워하며 부르는 노래지요."

곧 애절한 목소리가 흘러 나왔어요.

> 귀신같은 모습으로, 적막하고 차가운 감옥에서
> 떠오르는 건 임뿐이라.
> 보고 싶고 보고 싶고 보고 싶다.
> 손가락 피로 쓴 글을 임에게 보내 볼까.

우리의 음악이 일제에 짓눌려 사는 조선인들에게 그리움과 안도감을 불러일으켰어요. 사람들은 색다른 느낌에 휩싸였지요. 그래서 조금 더 음악을 들려주면 안 되는지 물어 왔어요.

"경성방송국이오? 방금 들은 아악 방송 다시 들려주면 안 되겠소?"

당시 방송국에는 '재청 제도'가 있었어요. 프로그램이 재미있으면 청취자가 전화나 편지로 다시 들려 달라고 요구하는 거예요. 옥경이 진행하는 아악 방송은 가장 많은 재청을 받았어요. 옥경에 대한 소문을 들은 사람들은 방송국에 찾아와 옥경의 얼굴을 보려고 다투었어요. 유리창이 부서지는 사건도 생기고 말았지요. 옥경은 출근길이나 퇴근길에 챙이 큰 모자를 써서 얼굴을 가려야 했어요. 인력거에 몸을 숨기기도 했고요.

끔찍한 사고

옥경의 인기가 하늘을 찌르자 방송국에서는 우리말 전문 아나운서를 뽑게 되었어요. 우리말과 일본말을 번갈아 쓰지 않는 아나운서. 그 아나운서가 뽑힐 때까지 옥경은 똑단발을 휘날리며 목이 쉬도록 일했어요.

옥경처럼 되고 싶다며 아나운서 시험에 응시한 사람은 스무 명이었어요. 그중에 마현경이 합격했어요. 현경은 경성방송국 방송부원인 최승일의 아내였지요. 이옥경 노창성 부부에 이어 두 번째 부부 방송인이 되었어요.

옥경의 아나운서 생활은 둘째 딸이 태어날 무렵까지 2년간 계속되었어요. 어느 날 옥경이 방송을 마치고 퇴근하던 때, 달려오는 전차가 옥경을 치었어요. 옥경은 비명을 지르며 그 자리에 쓰러지고 말았지요.

당장 큰 수술을 해야 했어요. 그런데 옥경이 둘째 아이를 가진 상태여서 마취를 하지 못했어요. 그렇게 되면 옥경과 아이 모두 위험해지거든요. 옥경은 죽을 고비를 넘겨 아이와 자신의 생명을 구할 수 있었어요. 한쪽 다리를 잃고 말았지만요.

결국 옥경은 다시 방송국으로 돌아가지 못했어요. 방송국에서는 옥경이 몸과 마음을 추스르고 다시 돌아오기를 기다렸어요. 그러나 아홉이나 되는 아들딸을 돌봐야 하는 옥경에게는 쉬운 일이 아니었죠.

1953년에 남편 노창성이 세상을 떠났어요. 6·25전쟁으로 파괴된 방송국을 복구하려고 이리저리 뛰다가 과로로 쓰러지고 말았어요. 옥경은 창성을 그대로 보낼 수 없었어요. 하지만 아이들을 내버려둘 수는 없었죠. 옥경은 어렸을 적 아버지를 떠나 보내면서 한 다짐을 떠올렸어요.

'아버지, 세 걸음 앞서갈게요. 여보, 잘할게요.'

1982년 여든한 살에 눈을 감을 때까지 옥경은 둘째 딸의 상실에서 방송 일을 거들며 아버지와 남편 만날 날을 기다렸어요.

6

당당한 여기자, 최은희

_문성희 글

최은희는 이렇게 살았어요~

1904년 황해도 연백 배천에서 태어났어요. 경성여자고등보통학교를 졸업하고 일본 니혼여자대학교를 다니다 도중에 그만두었어요. 1924년부터 1931년까지 〈조선일보〉에서 여기자로 활동했어요. 항일 여성운동단체인 '근우회'를 결성하였으며, 광복 후 여권 실천운동자 대표, 여성신문사, 주간생활신보사에서 일했어요. 1983년 '최은희 여기자상'이 제정되었습니다.

마음을 울리는 글을 쓰자

1910년 황해도 배천의 창동 소학교에서 운동회가 열렸어요.
"자, 준비!"
키가 작은 은희는 다리에 힘을 주고 출발선 앞에 섰어요. 눈을 반짝이며 신호를 기다리고 있었지요. 겨우 여섯 살에 학교에 들어간 은희는 자기 옆에 있는 키 큰 동무들을 흘끔 바라보았어요.
"땅!"
출발 신호가 울리자 은희는 힘차게 앞으로 뛰어나갔어요. 하지만 키 큰 동무들은 은희를 제치고 앞으로 성큼성큼 달려갔지요. 꼴찌로 들어온 은희의 어깨가 축 늘어졌어요.
'아직 실망하지 말자. 달걀 옮기기 경주가 남았잖아.'
은희는 자그마한 주먹을 불끈 쥐고 스스로에게 힘주어 말했어요.
"청군, 이겨라!"
"백군, 이겨라!"
응원의 함성 소리가 점점 높아지고 있었어요. 은희는 움츠러든 어깨를 펴고 차례를 기다리며 앞서서 경주하는 모습을 유심히 살펴보았어요. 동무들은 일찍 달려갔지만 달걀을 숟가락에 잘 옮기지 못해 떨어뜨리기도 했어요. 늦게 달려갔지만 침착하게 달걀을 옮기기도 했지요. 은희는 눈썰미 있게 그 모습을 지켜보았어요.

'이번 1등은 나야.'

은희 얼굴에 자신감이 번져갔어요. 달걀을 어떻게 옮기면 떨어뜨리지 않을지 생각해 냈기 때문이지요. 이번에도 은희는 달걀이 있는 곳에 제일 늦게 도착했어요. 하지만 조급하게 서두르지 않았어요. 미리 생각해 둔 대로 숟가락으로 달걀을 뜰 때 모래와 함께 떴어요. 동무들을 유심히 살펴본 결과, 숟가락에 달걀만 올리고 달리면 달걀이 자꾸만 흔들린다는 걸 알아낸 거예요.

은희는 달걀을 떨어뜨려 실격당한 동무들을 제치고 당당히 1등으로 들어왔어요. 선생님과 동무들의 환호성이 운동장을 가득 채웠지요. 은희의 아버지도 구령대 앞 천막 아래 의자에 앉아 그 모습을 흐뭇하게 바라보았어요.

은희는 1904년 황해도 연백군 배천에서 태어났어요. 열 남매 중 다섯 째 딸로 태어났는데 어릴 적부터 총명했지요. 모든 일을 열심히 하고 남에게 뒤지기를 싫어 한 당찬 아이였어요. 아버지는 그런 은희를 유달리 예뻐했어요. 큰 부자인 아버지는 재산을 좋은 일에 많이 쓰는 교육자였어요. 여자도 남자와 마찬가지로 귀하게 여겼어요. 생각이 깨인 아버지 덕분에 은희는 어렸을 때부터 학교에 다니며 남자 아이들 못지않게 공부를 할 수 있었지요.

은희는 창동소학교를 뛰어난 성적으로 졸업하고 해주 의정여학교에 장학생으로 들어갔어요. 의정여학교에서 조선이 어떻게 일본에게 주권을 빼앗겨 탄압을 받는지 자세히 알게 되었어요.

"오늘은 메이지 시대 역사를 배우겠습니다."

선생님은 칠판에 일본 역사를 적고 나서 말을 이었어요.

"모두 책상에 일본 역사책을 펴세요."

선생님 말에 은희는 책상에 놓인 일본 역사책을 펼쳤어요. 그때 복도에 서서 선생님과 학생을 감시하던 순사들이 다른 교실로 갔어요. 일본 역사책을 펼쳐서 안심한 거였죠. 그러자 선생님은 우리나라의 역사를 가르쳐 주었어요. 은희는 칠판에 쓰인 일본 역사와 책상에 펼쳐진 일본 역사책을 거들떠보지도 않고 선생님 말씀에 귀 기울였어요.

의정여학교를 졸업한 은희는 일본 도쿄로 유학을 가게 되었어요. 하지만 일본어 공부를 더 하기 위해 일본어로 수업하는 경성여자고등보통학교로 들어갔어요. 의정여학교 때 독립 사상을 심어 주었던 교무주임 선생님이 경성에 가면 꼭 찾아뵈라고 했던 선생님을 만나러 갔어요.

"잘 왔다. 나도 비밀 모임을 준비하고 있으니 동지가 될 동무들을 모아서 함께 오너라."

은희는 선생님 말대로 비밀 모임을 할 동무들을 끌어 모으기 위해 글을 썼어요. 조선이 처한 사실을 학우들에게 일목요연하게 잘 전해 주었지요. 일제의 탄압 속에서 학생들이 무엇을 어떻게 해야 하는지 마음을 울리는 글을 썼어요. 은희는 자신이 쓴 글을 읽고 감동한 동무들과 모여 일주일에 한 번씩 비밀 모임을 하게 되었어요. 비밀 모임 동지들은 점점 늘어 스무 명 남짓 되었지요.

드디어 1919년 3월 1일 삼일 만세운동이 일어났어요. 전날 은희는 선생님에게 선언서 한 장을 받았어요.

"우리는 조선이 독립된 나라이며 조선 사람이 이 나라의 주인임을 알립니다."

은희는 선생님이 건네준 독립선언서를 읽었어요. 가슴이 두근거리고 벅차올랐어요. 주옥같은 글을 한 자 한 자 뜻과 의미를 헤아리며 읽어 내려갔어요. 독립선언서를 읽고 나자 가슴이 먹먹해지고 눈시울이 붉어졌어요. 사람들의 생각을 깨우치고 마음을 울릴 수 있는 글, 자신도 언젠가 그런 글을 쓰는 사람이 되고 싶었어요.

"내일은 독립 만세를 부르는 날이다. 내일 정오에 탑골 공원으로 학생들을 데리고 오너라."

다음 날 아침, 은희는 일어나자마자 밤새 쓴 글을 기숙사 학생들에게 나누어 주었어요. 독립선언서 글처럼 함께 독립 만세를 부르자는 내용이었지요. 은희의 글을 읽은 학생들은 마음이 울컥해져 고개를 끄덕였어요. 그런데 이 사실을 알아낸 일본인 교장은 모든 학생이 교문 밖으로 나가지 못하게 했어요. 하지만 은희와 비밀 모임 동지들, 은희의 글을 읽은 학생들은 교장 몰래 방을 빠져나갔어요. 불행하게도 교문은 자물쇠로 굳게 잠겨 있었지요.

"교문을 부수자!"

누군가 외치자 학생들은 도끼와 식칼, 날카로운 돌멩이로 교문을 부수기 시작했어요. 모두 힘을 모으자 마침내 널빤지 교문이 부서졌어요. 삼백 명 학생이 탑골 공원으로 향했지요.

은희는 태극기를 들고 목이 터져라 외쳤어요.

"대한 독립 만세!"

은희와 학생들은 경성 시내를 누비며 만세를 불렀어요. 그러다가 일본 헌병에 붙잡히고 말았지요.

유치장에는 만세를 부르다 잡혀온 사람들로 발 디딜 틈이 없었어요. 은희는 경무 총감부에서 닷새 동안 신문을 받았어요.

서대문형무소로 넘겨진 다음에야 풀려났지요. 그 뒤에도 독립 운동을 하다가 열 번이나 잡혀 갔어요. 은희 마음속에는 독립에 대한 열망이 뜨겁게 타올랐지요.

삼일 만세 후 학교는 잠시 문을 닫았어요. 학생들이 만세운동을 하러 다니지 못하게 하려고요. 은희는 고향인 배천으로 내려가서도 독립 만세운동을 했어요. 다시 체포되어 징역 6개월과 집행유예 2년을 선고받았지요.

넓은 세상에 나가 발로 뛰자

은희는 더 공부하기 위해 일본으로 유학을 떠났어요. 일본여자대학에 입학해 열심히 공부했어요. 겨울에는 추운 방에 이불을 두세 개 바닥에 깔고 공부했어요. 책을 너무 많이 읽어 눈병이 나기도 했지요. 가끔 고향 생각이 나 마음이 울적해지기도 했지만, 마음을 굳게 먹고 더 책 속으로 빠져들었어요. 남의 나라에 와서 뒤처지지 않기 위해 이를 악물고 공부했어요. 당시에는 여자는 물론 남자도 학교에 다니는 것이 쉽지 않았어요. 열심히 공부해 훌륭한 사람이 되어 나라를 발전시키는 사람으로 우뚝 서기 위해 쉼 없이 나아갔지요.

해마다 3월 1일이 되면 일본의 조선 유학생들이 독립 만세를 외쳤어요. 은희도 빠지지 않고 참석했지요. 삼일 만세운동 때 징역형을 받았기 때문에 일본에서도 순사에게 늘 감시를 당했어요. 학교에 가면 일본 순사가 정문에 서 있었지요.

어느 날 은희가 학교를 마치고 하숙집에 가려는데 일본 순사가 뒤따라왔어요. 전차까지 함께 타며 은희를 감시했지요. 은희는 전차에서 깜빡 조는 일본 순사를 보고 재빠르게 전차에서 내렸어요. 그날 은희는 하숙집으로 가지 않고 친구 집에 가서 묵었어요. 일본 순사는 은희를 기다리느라 하숙집 앞에 밤새도록 서 있었고요. 다음날 일본 순사가 은희에게 심한 말을 했어요.

"왜 감시하고 무슨 자격으로 심한 말을 하나요? 부끄러운 짓 그만두세요."

은희는 움츠러들기는커녕 당당하게 쏘아붙였어요.

은희는 3학년 여름방학에 조선에 돌아왔어요. 그 무렵 조선일보사는 여기자를 뽑고 있었어요. 창간 4주년을 맞아 신문을 더 많이 팔기 위해 여기자를 뽑기로 한 것이지요. 은희는 그 소식을 듣고 고민했어요. 공부를 다 마치지 못해 걱정이 된 거예요. 기자라는 직업도 낯설었고요.

은희는 아무도 가지 않는 길을 가는 건 아닐까 걱정했어요. 그러다 뛰어난 글 솜씨로 동무들에게 함께 독립 운동을 하자며

호소한 기억이 떠올랐어요. 정의감 넘치는 자신을 발견했지요. 신문기자도 어려움을 겪는 사람들의 이야기에 귀 기울여 주고 사회의 잘못된 점을 알리는 정의로운 직업이라 생각했어요.

'답답한 교실에서 아이들을 가르치는 일보다 넓은 세상에 나가 발로 뛰어다니면 좋지 않을까?'

마침내 은희는 기자가 되기로 굳게 마음먹었어요. 일본으로 돌아가지 않고 조선일보사 최초의 여기자가 되었지요.

민간 신문 최초의 여기자로 뽑힌 은희는 '부인 견학단' 수행을 맡아 처음으로 기사를 썼어요. 여성의 사회활동과 현실을 취재하기 위해 아침부터 저녁까지 부지런히 다녔지요. 그 기사는 큰 호응을 받았을 뿐더러 신문사 전무가 편집국까지 와서 재미있게 썼다며 칭찬했어요.

"갓 입사한 피라미가 운 좋게 한방 터뜨렸네."

남자 기자들이 은희를 보며 속닥거렸어요. 전무의 칭찬 한마디에 다른 기자들도 입을 삐죽거렸어요. 그런데 남자 기자들이 질투할 만한 일이 또 터졌어요.

"최은희 기자, 유명 비행사 고국 방문 기념 탑승 기자로 자네가 뽑혔네. 우리 신문사 이름을 걸고 잘할 수 있겠지?"

"네."

은희가 힘차게 대답했어요. 하지만 걱정이 이만저만 아니었어요.

"조의금 미리 낼게."

비행기 탑승자가 정해지자 짓궂은 남자 기자가 1원짜리 지폐를 은희에게 내밀었어요. 황당해서 말도 할 수 없었죠. 은희는 보이지 않은 비난을 뒤로 한 채 요란한 소리로 프로펠러를 돌리며 하늘로 날아오르는 비행기를 떠올려 보았어요. 자유롭게 공중을 날면 신기할 것 같았어요. 공중제비를 돌면 신날 것 같기도 했고요.

'그런데 갑자기 땅에 떨어지면 어떡하지?'

은희는 조의금을 미리 준 사람들의 말이 귓가에 점점 더 크게 들려왔어요. 무거운 쇳덩이인 비행기가 갑자기 곤두박질치며 추락하는 장면을 상상하자 겁이 났어요.

'어떡하지? 솔직하게 못한다고 할까?'

은희는 마음이 자꾸만 시계추처럼 왔다 갔다 했어요.

'내가 여기서 못한다고 한다면 여자여서 별 수 없군 하고 생각할지도 몰라.'

은희는 마음을 다잡고 두려움을 극복해 내기로 했어요. 여기자라는 신문사의 꽃으로 남지 않으려면 반드시 넘어야 할 관문 같기도 했지요.

'괜한 걱정으로 못한다고 하면 안 돼. 절대 그럴 수 없지. 난

할 수 있어.'

은희는 굳세게 마음먹었어요.

드디어 행사 시작을 알리는 팡파르가 울렸어요. 잠자리 안경을 쓴 비행사가 활짝 웃으며 조종석에 앉았어요. 은희는 가슴이 쿵쾅거리고 다리가 후들거리면서 비행사 뒷자리에 앉았지요. 비행기가 프로펠러를 돌리며 공중으로 날아올랐어요. 구경 온 사람들이 비행장이 떠나가라 환호와 함성을 질렀어요. 은희는 질끈 감았던 눈을 뜨고 경성을 내려다보았어요.

하늘에서 바라본 풍경은 무척 신기했어요. 집과 높다란 건물, 한강 인도교가 아주 작게 보였어요. 시내로 연결된 전찻길이 가늘게 보이고 버스나 자동차는 장난감처럼 보였지요. 거리를 걷고 있는 사람들 모습은 점으로 보였어요. 은희는 비행사와 함께 비행을 하며 취재를 잘 마쳤지요.

"15분간의 짧은 비행이었지만 사람이 사는 세상을 한 번에 본 느낌이었다."

비행기의 구조와 비행기에서 바라본 경성의 모습을 글로 실감나게 표현했어요. 은희의 기사는 민간인 최초의 비행기 탑승기였지요.

억울한 목소리를 담다

청계천 수표교 근처에 있는 조선일보사 편집국은 쉴 새 없이 따르릉 대는 전화벨 소리, 통화하는 기자들의 말소리, 사르륵 종이 넘기는 소리가 어지럽게 뒤섞여 있었어요. 그러던 중 댕기 머리를 한 여자가 문을 열고 들어왔어요.

"저, 최은희 기자를 만나러 왔는데요."

은희는 그 여자를 단박에 알아보았어요. 어제 전화국으로 취재를 갔을 때 만난 전화 교환원이었지요.

"잘 왔어요. 이쪽으로 와요."

은희는 교환원을 자기 자리로 데려갔어요. 책상에는 원고 뭉치가 쌓여 있고, 펜과 잉크병과 전화 한 대가 놓여 있었지요. 잉크병에는 날렵한 펜대가 꽂혀 있었어요. 은희는 어제 전화국에 갔던 일을 떠올렸어요.

"모시모시, 하이, 난방(여보세요, 네, 몇 번이요?)."

교환원이 전화국 교환대 앞에 앉아 말하고 있었어요.

"여기가 전화국입니다. 전화국이 생기기 전에는 경성우편국에서 전화 관련 업무를 보았지요."

은희가 견학단에게 설명했어요. 견학단은 전화국 곳곳을 탐방했어요. 은희는 전화 교환원과 직접 이야기를 나누고 싶어

가까이 다가갔어요. 그때 일본인 감독이 다가와 말했어요.

"궁금한 거 있으면 저한테 물으십시오. 교환원에 관한 거라면 제가 다 아니까요."

"저는 교환원과 직접 얘기를 나누고 싶습니다."

은희는 또박또박 자기 의견을 말한 뒤 교환원에게 다가갔어요.

"잠깐 이야기 나눌 수 있을까요? 이 일을 시작한 지 얼마나 되었나요?"

교환원이 일본인 감독 눈치를 살피며 쭈뼛거렸어요. 감독이 미간을 찌푸리며 손가락을 입에 갖다 대었어요.

"이제 반년이 지났어요."

"교환원 일을 하는 데 필요한 자질은 무엇인가요?"

"일할 때 일본어를 쓰기 때문에 무엇보다 일본어를 잘해야 해요. 좋은 목소리와 예민한 청각도 필요하고요."

"교환원을 뽑는 시험에 대해 말해 주세요."

은희는 여성이 사회활동을 할 때 필요한 정보를 독자에게 알려주고 싶었어요.

"일본어 실력, 목소리와 기억력이 얼마나 좋은지 동작이 빠른지도 시험 봤어요."

"일할 때 힘든 일은 없나요?"

은희의 질문에 교환원은 일본인 감독을 힐끔 쳐다보며 눈치를 보았어요.

"전화가 많이 몰리면 기다리던 사람들이 화를 내거나 욕설을 합니다. 또 일할 때도…."

교환원이 일본인 감독을 바라보며 멈칫했어요.

"일할 때 어떻다는 거죠?"

은희가 날카로운 눈빛으로 다시 물었어요. 교환원이 입을 열려고 하자 일본인 감독이 다가와 교환원을 차갑게 쏘아보았어요.

"이제 그만 탐방 마쳐 주세요. 우리 교환원들 일해야 합니다."

일본인 감독이 거세게 항의해 은희는 할 수 없이 전화국에서 나와야 했어요. 나오면서 재빠르게 교환원 책상에 쪽지를 남겼지요. 자신에게 더 할 말이 있으면 찾아오라고 주소를 적어놓은 거예요. 교환원은 어제 은희가 남긴 쪽지를 보고 오늘 신문사로 찾아온 셈이죠.

"어제 전화국을 나오면서 내내 마음에 걸렸어요. 혹시 무슨 일이라도 생기면 어쩌나 하고요."

"아니에요. 덕분에 제 목소리를 시원하게 낼 수 있었어요. 저 오늘 사표 내고 왔거든요. 어제 말씀 못 드린 이야기와 그동안 교환원으로 있으면서 힘들었던 일을 꼭 말해 주려고 이렇게 찾아왔어요."

 어려 보이지만 당찬 교환원을 보고 은희는 힘차게 고개를 끄덕였어요.

 "사실 견학단 오기 전부터 감독이 쓸데없는 말 하지 말라고 으름장을 놓았어요. 감독이 입만 벙긋해도 가만 안 둔다며 어찌나 엄포를 놓던지 저도 솔직히 처음에는 입을 열기가 쉽지는 않았어요. 그동안 감독은 교환원들이 화장실에 갔다 조금만 늦게 오거나 딴 데를 보고 있거나 잠깐 쉬고 있으면 득달같이 달려와 '빠가!'라고 소리쳤어요. 우리는 말하는 기계가 아닌데도 함부로 말하고 대하고 감시했어요. 그뿐 아니에요."

 교환원은 그동안 받은 억울함을 호소하는 듯 흥분된 목소리로 말을 이었어요. 은희는 뾰족한 펜 끝으로 억울한 교환원의 목소리를 적어 나갔지요. 어제 일본인 감독을 보자 교환원들이 부당한 대우를 받고 있다는 것을 알아차려 쪽지를 남기길 잘했다는 생각이 들었어요.

 은희는 '어느 전화 교환원의 외침!'이란 제목으로 기사를 완성했어요. 하지만 일본인 감독을 비판했기에 검열에 걸려 신문에 실리지 못했어요. 당시에 일본은 조선인이 내는 신문이 나오기 전에 검열을 해서 일본을 비판하는 내용이나 독립 정신을 고취한 기사는 싣지 못하게 했어요. 특히 그때는 조선일보가 민족 자본으로 만든 신문이어서 더 심하게 검열을 받았지요.

특종을 잡아라

은희는 취재를 위해서라면 남자 기자보다 더 뛰어나게 활약했어요. 남자 기자들도 힘들어하는 사회의 그늘진 곳도 마다하지 않고 세상에 알렸지요. 변장을 하고 취재하여 실감나는 탐방 기사도 썼어요. 얼마나 감쪽같이 변장했는지 "부인 기자(여기자)가 신출귀몰한 변장으로 대담히 출동키로 했습니다." 하며 신문에 소개되기도 했지요. 취재를 마칠 때쯤에는 은희가 어떻게 변장했는지 보려고 온 사람들로 신문사 앞이 북적거렸어요.

1926년 6월 은희는 신문사 동료들과 영화를 보고 집으로 가고 있었어요. 빨간 벽돌 건물인 종로경찰서 앞에 자동차 한 대가 섰지요. 은희는 일본인 경부가 자동차에서 내리는 걸 보았어요. 독립 만세운동을 할 때 그 일본인 경부가 독립운동가를 잘 잡기로 유명하다는 걸 익히 알고 있었어요. 순간 은희는 그 일본인 경부에게서 많은 이야깃거리를 읽어 냈어요. 은희는 주먹을 불끈 쥐며 걸음을 멈췄어요. 그러고는 종로경찰서 앞에 우뚝 선 시계탑을 보았어요.

'이렇게 밤늦은 시각에?'

은희는 재빠르게 경찰서 근처에 숨었어요. 일본인 경부 손에 어떤 독립운동가들이 잡혀 왔을지도 모른다는 생각이 번개처럼 스쳐 지나갔어요. 은희는 잠시도 눈을 떼지 않고 지켜보았어요. 분명히 이 늦은 시각에 예사롭지 않은 일이 벌어지고 있는 것 같았어요. 잠시 뒤 일본인 경부가 경찰서에서 나와 다시 차를 타고 어디론가 떠났어요. 경찰서 안에는 지금 대단한 일이 벌어지고 있을 게 분명했어요.

은희 심장이 밖으로 튀어나갈 만큼 세차게 쿵쾅거렸어요. 은희의 발걸음은 자기도 모르게 경찰서 안으로 향하고 있었어요. 기자로서 정의감이 불끈 솟아났어요. 보초를 서 있던 헌병을 보고도 당당하게 들어갔지요. 경찰서 안에는 글 쓰는 사람들이 잡혀 와 있었어요. 은희는 단박에 무슨 일이 일어났는지 눈치챘지요.

'특종감이다.'

은희에게는 다른 남자 기자들처럼 담당 구역이 없었어요. 그러니 깜짝 놀랄 만한 특종을 잡는 일이 거의 생기지 않았어요. 은희는 지금 아주 중요한 정보를 알게 되었다는 사실을 깨닫고 편집국장에게 바로 연락했어요. 그러고는 아무도 모르게 취재를 했어요. 취재를 마친 후 인력거를 타고 신문사로 달려가 곧바로 기사를 만들었어요. 은희의 기사는 호외(특별한 일이 있을 때 임시로 만든 신문)가 되어 뿌려졌어요. 그 사건은 독립운동가들이 삼일 운동 이후에 만세운동을 하려다 발각되어 체포된 '6월 사건'이었어요. 은희는 남자 기자들도 잡기 힘든 특종을 순간의 판단력과 용기로 잡아냈어요.

최은희 여기자상

1927년 은희는 여자들의 독립운동 단체인 '근우회'를 만들었어요. 당시 신간회 등 독립운동 단체가 여러 개 있었어요. 하지만 남자와 여자가 어울려서는 안 된다는 생각이 많았어요. 여자들은 독립운동을 하고 싶어도 선뜻 나서지 못했지요. 은희는 여자들이 사회활동에 활발하게 참여해야 여성 문제를 해결할 수 있다고 생각했어요. 뜻 있는 여성들과 힘을 모아 독립운동은 물론이고 여성의 권리를 높이기 위해 움직이기 시작했어요.

은희는 스물일곱 살에 혼인했어요. 스무 살 전후로 결혼하는 당시로서는 늦은 혼인이었어요. 그 무렵 일제는 전쟁을 벌이고 있었어요. 조선에 대한 압박을 높인 결과, 독립운동을 하던 사람들도 일제를 찬양하게 되었지요. 민족 자본으로 만든 조선일보도 마찬가지였지요. 8년 동안 은희는 학예부, 사회부, 정치부를 거쳐 학예부장까지 올랐지만 조선일보가 일제를 찬양하자 결국 사직서를 제출했어요. 아이를 낳고 계속 일했지만 더는 다니고 싶지 않았어요.

　1945년 마침내 해방을 맞이하자 은희는 사회활동을 시작했어요. 여학교 교장을 여자가 맡자는 운동을 펼쳤어요. 여성이 정부 부서에 나갈 수 있도록 돕기도 했지요. 1952년 5월 8일을 어머니날로 만들어 고단한 어머니들을 위로하고자 제안했어요. 그것이 바로 오늘날까지 이어온 '어버이날'의 시작이랍니다.

　1983년 은희는 전 재산 5천만 원을 조선일보사에 맡겼어요. "이 돈을 훌륭한 여기자를 길러 내는 데 써 주세요."

　최은희 여기자상은 해마다 가장 뛰어난 활동을 한 여기자에게 수여되고 있어요. 우리나라 여기자들에게 가장 명예로운 상이 된 셈이에요.

작가 소개

김현주

과거와 현재, 미래의 우리 이야기를 꾸준히 쓰고 싶습니다. 월간 〈어린이와 문학〉의 추천을 받아 동화작가로 글을 쓰게 되었어요. 펴낸 책으로는 《행운당고의 비밀》, 《친구계산기》(공저)가 있습니다.

이정호

어릴 적부터 역사 속 인물에 관심이 많았어요. 온갖 어려움을 겪으면서도 꿋꿋하게 일어서는 모습에 감명을 받았습니다. 그때 받은 감동을 함께 나누고 싶어 글을 쓰고 있습니다. 제13회 푸른문학상 '새로운 작가상'을 받아 동화작가가 되었어요. 《달려라 불량감자》(공저), 《조선에서 온 내 친구 사임당》, 《리얼 항공 승무원》, 《리얼 셰프》, 《어린이를 위한 자존감 수업》, 《어린이를 위한 말하기 수업》, 《여기는 경성 모던방송국》, 《어린이를 위한 공동체 수업》, 《바나나 천원》, 《어린이를 위한 꿈꾸는 수업》 등 어린이와 청소년을 위한 책을 펴냈습니다.

김보경

월간 〈어린이와문학〉에 '빨간모자 클럽'이 실리면서 동화작가의 길로 들어섰어요. 그 뒤 제13회 기독신춘문예에 '내 주머니 속 파랑고래야!'가 당선되었어요. 지은 책으로는 《빨간모자 탐정클럽》, 《외계인을 잡아라!》가 있어요.

박윤우

전태일문학상에 소설이, 조선일보 신춘문예에 동화가 당선되어 글을 쓰게 되었어요. 이야기를 통해 힘을 얻어 살게 되었으므로 멋진 이야기로 보답하고 싶습니다. 《어게인 별똥별》, 《편순이 알바 보고서》, 《봄시내는 경찰서를 접수했어》를 펴냈어요.

문성희

한국사를 공부해 역사에 관심이 많아요. 과거를 의미있게 살다 간 사람들의 모습을 보며 오늘 주어진 시간을 힘차게 잘 살아가도록 힘을 주는 역사동화를 쓰고 싶습니다. 또한 아이만의 천진한 빛을 보여주는 동화도 쓰고 싶습니다. '푸른 목각 인형'으로 제7회 푸른문학상 '새로운 작가상'을 받아 동화작가가 되었어요. 펴낸 책으로 《날 좀 내버려 둬》(공저), 《무덤가의 비밀》, 《우리 반은 못 말려!》가 있습니다.